BEI GRIN MACHT SICH IHR WISSEN BEZAHLT

- Wir veröffentlichen Ihre Hausarbeit,
  Bachelor- und Masterarbeit

- Ihr eigenes eBook und Buch -
  weltweit in allen wichtigen Shops

- Verdienen Sie an jedem Verkauf

Jetzt bei www.GRIN.com hochladen und kostenlos publizieren

Bibliografische Information der Deutschen Nationalbibliothek:

Die Deutsche Bibliothek verzeichnet diese Publikation in der Deutschen National-
bibliografie; detaillierte bibliografische Daten sind im Internet über http://dnb.d-
nb.de/ abrufbar.

Impressum:

Copyright © 2013 GRIN Verlag
Druck und Bindung: Books on Demand GmbH, Norderstedt Germany
ISBN: 9783668790889

M. Gundermann

Aspekte der weiblichen Kindheit in Verfilmungen von "Alice im Wunderland"

GRIN Verlag

Aspekte der weiblichen Kindheit in Verfilmungen von *Alice im Wunderland*

Magisterarbeit

im Studiengang

MAGISTER ARTIUM

der

Friedrich-Alexander-Universität
Erlangen – Nürnberg

in der Philosophischen Fakultät und Fachbereich Theologie

vorgelegt von

Mercedes Gundermann

Erlangen, im Februar 2013

Danksagung

Ohne die Unterstützung einiger Menschen wäre die Erstellung dieser Arbeit nicht möglich gewesen. Bei all denen möchte ich mich an dieser Stelle ganz herzlich bedanken.

Mein besonderer Dank gilt vor allem Herrn Prof. Dr. Kay Kirchmann für seine engagierte Betreuung. Er stand mir zu jedem Zeitpunkt mit guten Ratschlägen, positiven Anregungen und konstruktiver Kritik zur Seite. Vielen Dank für die Geduld und Mühe! Außerdem möchte ich mich sehr herzlich bei Herrn Dr. Sven Grampp für die Übernahme der Zweitkorrektur bedanken.

Mein ganz besonderer und inniger Dank gilt meiner Familie, die mich zu jeder Zeit und bedingungslos bei meinem Studium unterstützt hat.

Ich widme diese Arbeit meinem geliebten Vater, der mir bei allen Herausforderungen den Rücken stärkte und mich stets dazu ermutigte, meinen Träumen zu folgen.

Inhaltsverzeichnis

1 Einleitung

1.1 Fragestellung und Forschungsstand

Children yet, the tale to hear,
Eager eye and willing ear,
Lovingly shall nestle near.

In a Wonderland they lie,
Dreaming as the days go by,
Dreaming as the summers die:

Ever drifting down the stream-
Lingering in the golden gleam-
Life, what is it but a dream?

(Lewis Carroll)[1]

Seit fast 150 Jahren ist die Popularität des Kinderbuchklassikers *Alice im Wunderland* (1865), geschrieben von Lewis Carroll, ungebrochen. Der Grund für die Beständigkeit und Faszination des Buches liegt eindeutig in seiner Zeitlosigkeit.[2] Denn die Geschichte um die kleine Alice und ihre Abenteuer ist so vielschichtig, voll von sprachlichem und inhaltlichem Reichtum, sie lässt so viel Spielraum für eigene Interpretationen, dass jede Generation etwas Neues darin entdecken und auf sich selbst übertragen kann. Überall im (pop-)kulturellen Kontext verweisen daher bis heute zahlreiche Referenzen auf Handlung, Motive und Charaktere.

Nicht nur bildende Künstler, damals wie heute – darunter viele Surrealisten, wie Max Ernst und Salvador Dali – nutzten Alice als Inspirationsquelle für ihr Schaffen. Die Abenteuer der siebenjährigen Heldin fanden ihren Weg im Laufe des letzten Jahrhunderts auch auf die Opern-, Theater- und Ballettbühne. Man integrierte die Geschichte sogar in ein Computerspiel mit dem Titel *American McGee's Alice* (2000)[3], das sich großer Beliebtheit erfreute.

Und obgleich das Buch bis heute als nicht verfilmbar gilt, sahen ebenfalls viele Filmstudios die Übertragung des Stoffes auf das Medium Film als sehr lohnenswert an, was insbesondere der bildhaften Sprache, der Traumsymbolik und der Kindheitsthematik zu verdanken war. Über 20 Mal war die Geschichte um die

---

[1] Dieses Gedicht stammt aus *Through the Looking-Glass, and What Alice Found There* (1871), dem Nachfolger von *Alice im Wunderland*.
[2] Mit „Zeitlosigkeit" ist hier die Ungebundenheit des Ortes und der Zeit gemeint, die sich aus dem Traumhaften bzw. dem Fiktionalen der Geschichte ergibt. Ein imaginiertes „Wunderland" ist nicht definiert bzw. entzieht sich jeder Definition, da es der subjektiven Vorstellung jedes Einzelnen entspringt. Dies führt dazu, dass die Geschichte jedem Einzelnen einen oder mehrere Identifikationsmomente bietet. Besonders bei Kindern ergeben sich diese z. B. aus der Abwesenheit der Eltern, dem Abenteuercharakter und dem Auftauchen des Magischen.
[3] Vgl. BROOKER 2005, S. 229.

kleine Alice sodann auch seit der ersten Adaption von Cecil Hepworth aus dem Jahre 1903[4] auf der Leinwand zu sehen. Zu ihrer Zielgruppe gehörten dabei überwiegend Kinder. Denn zweifelsohne ist Carrolls *Alice im Wunderland* eine Hommage an die Kindheit, wie es selten eine gab, und zugleich eine Kritik an allem, was die Welt der Erwachsenen je hervorgebracht hat.

Lewis Carroll hat auf diese Weise jedoch auch ein Werk geschaffen, das nicht nur die meisten Kinder in seinen Bann zieht[5], dem Wunderland fühlt man sich auch als Erwachsener noch zugehörig. Es erlaubt uns nämlich das, was in der rationalen Welt der Erwachsenen nicht mehr möglich ist: Im Wunderland können wir der Macht kindlicher Phantasien und Träume erneut erliegen – jener imaginären, gedanklichen Kraft, mit der jegliche gesellschaftliche Konventionen einer starren Gesellschaftsordnung, jedwede Einschränkungen und jede Art von Regelwerk durchbrochen werden können.

Gleichwohl wird die Handlung oftmals nur auf die Schwierigkeiten des Erwachsenwerdens reduziert und weniger auf das Bild von Kindheit, das sie vermittelt. Die aktuelle und vergangene Forschungsliteratur hat sich aufgrund dieser einseitigen Sichtweise bisher auch kaum näher mit dem Kindheitsbild der dazugehörigen filmischen Adaptionen befasst. Sie beschränkt(e) sich – besonders im filmischen Diskurs – vielmehr auf die Untersuchung von Ästhetik und Narration im Vergleich zu Carrolls Vorlage. Die vorliegende Arbeit soll nun versuchen, diese Lücke zu füllen, und beantworten, welches Bild von (weiblicher) Kindheit die ausgewählten *Alice-im-Wunderland*-Verfilmungen entwerfen, und inwieweit sie damit ein Spiegel ihrer Zeit sind.

Die Quellenlage zu diesem Untersuchungsgegenstand im Speziellen ist als eher mangelhaft zu bezeichnen. Als Grundlage wurden vor allem Analysen zu Carrolls Werk (wie NINA AUERBACHs *Alice and Wonderland: A Curious Child* von 1973) als auch Literatur anderer Disziplinen herangezogen. Hilfreich waren dabei u.a. die

---

[4] Dieser Film wurde 2010 vom British Film Institute (BFI) restauriert und zeigt eine achtminütige (der ursprünglich zwölfminütigen) Stummfilmversion von Carrolls Klassiker. Vgl. BROWN 2010, s. auch http://www.screenonline.org.uk/film/id/974410/ [30.09.2012].

[5] MARTIN GARDNER geht sogar so weit zu behaupten, dass Kinder die Hintergründe der Geschichte gar nicht in vollem Umfang begreifen können und zuweilen damit überfordert sind. In seinem Buch *Alles über Alice* (2002) bemerkt er dazu: „Heutige Kinder reagieren verwirrt und manchmal erschreckt auf die alptraumhafte Atmosphäre in den Träumen der kleinen *Alice*. Wenn die *Alice*-Bücher ihrer Unsterblichkeit sicher sind, dann nur, weil Erwachsene – vor allem Naturwissenschaftler und Mathematiker – sie immer noch verschlingen." GARDNER 2002, S. xiv. Andere Autoren glauben, dass moderne Kinder ein geringeres Interesse an dem Kinderbuchklassiker entwickeln, weil das stark rational geprägte Umfeld, in dem sie aufwachsen, ihre Vorstellungskraft beeinträchtigt. Vgl. GREEN 1971, S. 61f. Dass einige – wenn auch nicht alle – Kinder die Geschichte und die Figuren darin beängstigend finden, mag zutreffen. Ähnlich wie Grimms Märchen birgt diese nämlich durchaus eine gewisse Grausamkeit in sich. Ableiten lässt sich daraus aber weniger fehlende Aktualität oder eine nicht kindgerecht umgesetzte Erzählung, sondern vielmehr individuelle Unterschiede und kindliche Vorlieben.

Untersuchungen von PHILIPPE ARIÈS über die *Geschichte der Kindheit* (1977). Ebenfalls angeführt werden können die Werke von BRUNO BETTELHEIM: *Kinder brauchen Märchen* (1980) sowie von JEAN PIAGET: *Das Weltbild des Kindes* (1978), das sich mit der psychischen Entwicklung des Kindes auseinandersetzt. Über ERIK H. ERIKSONs *Identität und Lebenszyklus* (1980) und GEORGE H. MEADs *Geist, Identität und Gesellschaft* (1973) konnten zudem Erkenntnisse zum Thema Identitätsentwicklung beim Kind gewonnen werden. In der Auseinandersetzung mit den einzelnen Verfilmungen erwiesen sich die bekannten Forschungsarbeiten zu den jeweiligen Filmemachern als förderlich. Weiterhin bildete das umfassende Werk von WILL BROOKER, nämlich *Alice's Adventures. Lewis Carroll in Popular Culture* (2005), sowie JACK ZIPES' *The Enchanted Screen* (2011), die sich recht ausführlich mit den einzelnen Alice-Verfilmungen auseinandersetzen, eine wichtige Grundlage dieser Arbeit. Ein nicht unbedeutender Teil der verwendeten Quellen setzt sich, aufgrund der oben erwähnten Forschungslage, aus Essays, welche die Filmemacher als Einflüsse auf ihre Arbeit anführten (so z.B. WILLIAM EMPSONs *Alice in Wonderland: The Child as Swain* aus dem Jahre 1935.), sowie Interviews und Artikeln zusammen.

1.2 Eingrenzung des Gegenstandes

Da nicht jeder einzelne der über 20 Filme besprochen werden kann, sollen für diese Fragestellung lediglich die relevantesten und prägnantesten Verfilmungen als Grundlage dienen, nämlich *Alice im Wunderland* (1951) von Walt Disney, *Alice im Wunderland* (1966) von Jonathan Miller, *Alice* (1988) von Jan Švankmajer und *Alice im Wunderland* (2010) von Tim Burton.[6]

Diese Filme sind sowohl vollständig animiert, teilanimiert als auch als reiner Realfilm konzipiert und somit auf keinen bestimmten Korpus beschränkt. Für jeden davon hat man sich aber mit Bedacht – auch in Hinblick auf die Empfänger und das konzipierte Kindheitsbild – entschieden.

Alle anderen Verfilmungen boten im Vergleich keine neuen Ansätze, wichen kaum voneinander ab, weil sie sich zu stark an die literarische Vorlage hielten,

---

[6] Die Einbeziehung von Burtons' Neuverfilmung scheint auf den ersten Blick ungewöhnlich, da Alice dort bereits kein Kind mehr, sondern mit ihren 19 Jahren fast schon erwachsen ist. *Alice im Wunderland* wird hier aber als Coming-of-Age-Film gewertet und darf nicht mit dem Teenie-Film verwechselt werden. Laut WEGENER beschreiben erstere die „späte Kindheit" der Protagonisten. Während der Teeniefilm junge Erwachsene ansprechen soll und vielfältige Themenbereiche beinhaltet, geht es beim Coming-of-Age-Film rein um die Identitätsfindung infolge des nahenden Übergangs in die Welt der Erwachsenen. Vgl. WEGENER 2011, S. 129f. Zudem spielt bei Burtons Verfilmung besonders die Kindheit eine tragende Rolle, da die jugendliche Protagonistin sich stets auf diese zurückbesinnt. Daraus wiederum lässt sich das von Burton entworfene Kindheitsbild ableiten.

3

oder standen schlichtweg nicht zur Verfügung.[7] Die getroffene Auswahl bildet nun in ihrer Breite zugleich auch einen Querschnitt durch die Kultur- und Zeitgeschichte und bietet sich daher besonders als Untersuchungsgegenstand für die nachfolgende Analyse an.

Weiterhin muss eine Unterscheidung zwischen weiblichem und männlichem Kindheitsbild getroffen werden. Wie bereits in der Fragestellung formuliert, bezieht sich die Darstellung und Analyse in dieser Arbeit vorwiegend auf das *weibliche* Kindheitsbild, wenngleich einige dieser Aspekte auch auf das männliche Kindheitsbild übertragen werden können. Ursache dafür ist eine seit Bestehen der Kindheit eindeutig geschlechterspezifische Differenzierung von Kindheit innerhalb der Gesellschaft:

> In fact, life was often very different for boys and girls at any given time. Boys and girls […] were dressed differently, treated differently, given different amounts of time for play, work and study, and taught to handle all three activities differently. The reality is that there has never been a single form of childhood […], but two coexisting gender-specific paradigms.[8]

1.3 Vorgehensweise

Festzuhalten ist zunächst, dass es bei dieser Arbeit nicht darum geht, das Werk Carrolls literarisch aufzuschlüsseln oder gar Buch und Filme detailliert miteinander zu vergleichen. Dies würde den Rahmen der Arbeit sprengen und soll auch nicht Teil der Untersuchung sein – zumal sich Literaturwissenschaftler aus aller Welt seit Jahren an einer vollständigen Werkanalyse versuchen.[9] Die literarische Vorlage dient für diese Arbeit lediglich als Grundlage, auf derer sich die Filmemacher stützen.

Zu Beginn gilt es, den für diese Arbeit wichtigen Begriff der Kindheit aufzuschlüsseln. Dies geschieht anhand der historischen Entstehungsgeschichte des Kindheitsbildes nach PHILIPPE ARIÉS. Es umfasst aber insbesondere das *soziale Konstrukt* „Kindheit", das von dem Pädagogen KERSTEN REICH beschrieben wird. Unter Einbeziehung der Kindheitsforschung[10] werden dabei in Kürze vergangene

---

[7] Die Verfilmung von Bud Pollard aus dem Jahre 1931, die erste vertonte Version, gilt beispielsweise als Rarität und ist im freien Handel nicht erhältlich. Viele Jahre lang galt sie sogar als verschollen. Die Lewis Carroll Society hatte jedoch im Herbst 2009 die Möglichkeit, an einer seltenen Vorführung in Fort Lee, zu der nur geladene Gäste zugegen waren, teilzunehmen. Vgl. dazu LEWIS CARROLL SOCIETY OF NORTH AMERICA 2012, s. auch: http://www.lewiscarroll.org/ events/ [30.09.2012].

[8] CALVERT 1998, S. 76.

[9] Vgl. KLEINSPEHN 1997, S. 57.

[10] Die Kindheitsforschung ist eine noch recht junge Disziplin, welche seit den 80er Jahren besteht und sich vor allem mit der Entstehung und Veränderung von Kindheitskonstrukten befasst. In Hinblick auf Verhaltenspsychologie, Sozial- und Erziehungswissenschaft werden Entwicklungen im Umgang mit kulturellen und gesellschaftlichen Umbrüchen aus kindlicher Perspektive heraus

und aktuelle Theorien zur Entwicklung und zum heutigen Stand der Kindheit betrachtet.

Im Anschluss folgt eine knappe Auseinandersetzung mit den Begriffen Magie, Märchen und Traum, die – aufgrund des *magischen Denkens*, das PIAGET beschreibt – alle ein Teil der kindlichen Wahrnehmungswelt sind, und somit ein wichtiger Aspekt der Kindheit. Carroll und auch die meisten der genannten Filmemacher zeigen ihre Protagonistin Alice in genau dieser Phase des *magischen Denkens*, eine Phase innerhalb der Kindesentwicklung, in der das Kind sich vermehrt für das Wunderbare und Phantastische interessiert. Daraus konstituiert es seine kindliche Realität. Der Verlust dieser Phase geht in Filmen oftmals auch einher mit dem Verlust der Kindheit.

Um eine Aussage über die Kindheitsbilder der einzelnen Verfilmungen treffen zu können, muss daher besonders die filmische Darstellung des Traums, der die Innenwelt des Kindes beschreibt und in dem alles Magische, Märchenhafte und Phantastische erst zum Ausdruck kommt, ins Blickfeld der Analyse geraten. Die Bedeutung und Funktion von Märchen und Traum innerhalb der Kindheit wird u.a. mit Hilfe der Forschungsergebnisse des renommierten Märchenforschers JACK ZIPES sowie des Psychoanalytikers BRUNO BETTELHEIM erläutert und durch die Theorien SIGMUND FREUDs ergänzt.

Die genauere Betrachtung eines Märchens, das sich die Kindheit zum Thema macht, nämlich des Kunstmärchens *Alice im Wunderland*, erfolgt im Anschluss. Dabei wird kurz auf das Leben Carrolls und auf die Umstände eingegangen, unter denen das Buch entstanden ist. Dieser Abschnitt beleuchtet somit zumindest im Ansatz Hintergründe, die das Kindheitsbild Carrolls und das des damaligen viktorianischen Zeitalters prägten. Außerdem wird geklärt werden, welche tragende Rolle das Buch innerhalb des Kindheitsdiskurses zu damaliger Zeit spielte und warum viele Filmemacher immer wieder auf dieses Werk zurückgreifen, wenn sie das Thema der Kindheit in ihren Filmen bearbeiten.

Darauf aufbauend soll schließlich anhand der Schlüsselszenen das subjektive Kindheitsbild des jeweiligen Films analysiert und verschiedene Einflüsse, die der filmischen Umsetzung zugrunde liegen, herausgearbeitet werden. Dabei sollen besonders die Ästhetik und künstlerische Aufmachung sowie charakteristische, filmische Merkmale und Narration des Films Aufschluss darüber geben, welches Bild von Kindheit sie jeweils erzeugen.

Zum Schluss erfolgt ein kritischer Vergleich der einzelnen Kindheitsentwürfe, der auch Bezug auf heutige, gesellschaftliche Einflüsse nimmt.

---

nachgezeichnet. Man forscht nicht mehr nur *über* das Kind als passives, unmündiges Objekt, sondern macht es zum Akteur. Vgl. MEY 2006, URL: https://www.familienhandbuch.de/ kindheitsforschung/allgemeines-kindheitsforschung/zugange-zur-kindlichen-perspektive-methoden-der-kindheitsforschung [30.09.2012].

2 Was ist Kindheit?

Bevor damit begonnen werden kann, die Kindheitsbilder der einzelnen *Alice-im-Wunderland*-Verfilmungen zu untersuchen, muss zunächst bestimmt werden, was unter KINDHEIT – im Sinne der Fragestellung – eigentlich zu verstehen ist. Anders als man vielleicht meinen mag, ist Kindheit in seiner Bedeutung und Funktion nicht als naturgegebenes, unveränderliches und feststehendes Phänomen aufzufassen. Wie im weiteren Verlauf gezeigt werden wird, vollzog sich die Vorstellung von Kindheit – als einer von der Welt der Erwachsenen abgegrenzten Lebensphase – erst im Laufe des 18. Jahrhunderts. Seit dieser Zeit wandelte sich der Begriff der Kindheit noch mehrere Male.

In diesem Kapitel soll daher eine Annäherung an diesen augenscheinlich sehr komplexen Begriff der Kindheit stattfinden, der vor allem aktuelle Auffassungen von Kindheit innerhalb der wissenschaftlichen Diskussion beleuchtet. Anschließend erfolgt eine kurze Auseinandersetzung mit der medialen bzw. filmischen Darstellung von Kindheit, der mittlerweile ebenfalls eine große Bedeutung bei der Entstehung von Kindheitsbildern innerhalb der Gesellschaft zugerechnet wird.

2.1 Definition und Begriffswandel

Man versteht unter Kindheit zunächst aus rein biologischer Sicht den „[…] Lebensabschnitt des Menschen, der sich von der Geburt bis zum Beginn der Geschlechtsreife erstreckt."[11] Die Frage nach dem Wesen der Kindheit ist aus sozialwissenschaftlicher und entwicklungspsychologischer Sicht jedoch wesentlich komplexer zu betrachten und kann nicht auf die reine Reduzierung körperlicher Merkmale beschränkt werden.

Kindheit muss zuallererst unterschieden werden zwischen *Kindheit als ein von der Gesellschaft definierter Begriff*, der auf Zuordnungen basiert, und der *Kindheit als individuell gelebte und erlebte Phase*.

> Schon sprachlich gesehen müssen wir kritisch rekonstruieren, dass Kindheit als Begriff niemals identisch mit Kindheit als spezifischer Lebensform oder als besonderem Lebensalltag sein kann. Wenn wir über Kinder sprechen, dann geschieht dies in Verallgemeinerungen, die die Besonderung des individuellen Kindes in singulären Ereignissen gerade ausklammert, weil und insofern wir uns verallgemeinernd über Kinder äußern.[12]

Wie aber gelangt man zu einer von der Gesellschaft geprägten, allgemeingültigen Definition von Kindheit? Wie nähert man sich diesem Begriff?

---

[11] KINDHEIT 1993, S. 307.
[12] REICH 2005, S. 253.

Da jeder in seiner Vergangenheit einmal Kind war und Kindheit erlebt hat, ist es naheliegend, Kindheit aus seinen eigenen Erlebnissen heraus zu beschreiben. Will man sich seine eigene Kindheit vor Augen führen, muss man diese also rückblickend rekonstruieren. KERSTEN REICH begreift Kindheit daher zunächst auch als *Rekonstruktion*. Dabei erinnert man sich an Bruchteile seines persönlichen Kind-Seins zurück und kreiert aus diesen Bruchstücken ein vereinfachtes Bild dessen, was man selbst unter Kindheit versteht. Aufgrund der Subjektivität und Lückenhaftigkeit, die einer solchen persönlichen und mit Emotionen behafteten Definition zugrunde liegt, kann jedoch keine allgemeingültige, wissenschaftliche Aussage über Kindheit getroffen werden, da in ihr nur persönliche Anteile zum Tragen kämen.

REICH verweist außerdem darauf, sich bei einer Rekonstruktion bewusst zu machen, dass Kindheit nicht nur selbstbestimmt war und ist, sondern stets von außen beeinflusst wird, d.h. dass man von Eltern und Erziehern in eine bestimmte Richtung gelenkt und geführt wird, so dass das Kind genau das als Kindheit erfährt, was man ihm zugedacht hat. Aspekte des Selbst-Erlebens müssen bei dem Versuch einer Definition von Kindheit daher ebenso berücksichtigt werden wie Aspekte, die erst zum Erlebten hinführten. Es bedarf also unterschiedlicher Beobachtungsperspektiven, um daraus diejenigen Erkenntnisse zu ziehen, die letztlich das öffentliche Bild von Kindheit prägen.

Daraus ergibt sich, dass *Kindheit ein sozial-kulturelles Konstrukt ist*, welches von vielen verschiedenen Faktoren, wie der Umwelt und der Erziehung ebenso wie von der jeweiligen, *subjektiven* Auffassung von Kindheit innerhalb eines bestehenden gesellschaftlichen und historischen Rahmens, abhängt. Subjektiv deshalb, weil Kindheit niemals objektiv sein kann. Es existieren keine Regeln und Zuschreibungen, die Kindheit eindeutig als Kindheit definieren könnten. Es gibt also nicht die *eine* Kindheit, sondern viele unterschiedliche Formen davon. Da die in einem bestimmten Rahmen getroffene, gesellschaftliche Auffassung von Kindheit in ihren Kriterien somit durch andere Erfahrungen oder Beobachtungen (aus anderen Kulturkreisen beispielsweise) kritisiert, verändert oder erweitert werden kann, ist Kindheit ferner als *Dekonstruktion* zu begreifen.[13]

Die Negierung der Kindheit als natürliches Phänomen und die Erkenntnis, dass es sich dabei um ein Konstrukt handelt, führte nun dazu, dass die Kindheitsforschung ihre Aufgabe neuerdings nicht mehr in der Bestimmung der „‚Natur der Kindheit' sieht, sondern [darin], den Diskurs der Kindheit selbst zu betrachten und daran gesellschaftlichen Wandel und Entwicklung zu beschreiben."[14]

---

13 REICH 2005, S. 249–253.
14 KALTEIS 2007, S. 33.

Die Kindheit als Konstrukt ist ein Produkt der Erwachsenen, welches diese beiden Lebenswelten voneinander trennt und in ihrer so erzeugten Binarität besonders für die Erwachsenen identitätsstiftend wirkt. In der Abgrenzung entwickeln sie auf diese Weise ihr Selbstkonzept.

Die Kindheit, die unschuldige Kindheit wohlgemerkt, gilt für Erwachsene nur noch als Ort, zu dem sie keinen Zutritt mehr haben, als Fluchtmöglichkeit in die Welt der Phantasie, in der allem Schlechten, allem Bösen und Grausamen der Realität kein Einlass gewährt wird.[15]

2.2 Die Geschichte der Kindheit

Wie sich der Begriff der „Kindheit" historisch gewandelt und was diese Entwicklung im Laufe der Jahrhunderte bewirkt hat, soll nun im Folgenden aufgezeigt werden.

Wie im vorangegangen Kapitel bereits festgestellt, ist Kindheit kein natürliches Phänomen. Noch im Mittelalter herrschte keinerlei Trennung zwischen Kindheit und Jugend vor. Unter Kindern konnte damals eine Altersspanne von unter sechs Jahren bis hin zu über zwanzig Jahren begriffen werden. Kindheit galt nur als eine „Vorbereitungsphase" auf das Erwachsensein. Kinder wurden aufgrund dessen nicht als eigenständige Persönlichkeiten, sondern lediglich als unfertige Erwachsene angesehen und dementsprechend behandelt.[16]

Der Psychologe PHILIPPE ARIÉS beschreibt in seiner berühmten Abhandlung über die *Geschichte der Kindheit* (1960), dass sich Kinder auf Gemälden des 11. Jahrhunderts lediglich in ihrer Größendarstellung von Erwachsenen unterschieden, ihre Morphologie aber der eines Erwachsenen entsprach. Auch die Gesichtszüge waren eindeutig wie die eines Erwachsenen porträtiert, ebenso fand man in der gezeigten Gestik keinerlei Anzeichen, die einem Kind zuzuschreiben wären. Dies beweist laut ARIÉS, dass das Kind in der damaligen Zeit nicht als solches wahrgenommen wurde, und dass man kindlichen Verhaltensweisen kaum Beachtung schenkte bzw. sich nicht näher damit beschäftigte, was genau das Kind von dem Erwachsenen unterschied. Kindheit als Abgrenzung der Welten zwischen Erwachsenen und Kindern existierte in der Form, wie wir sie heute kennen, also nicht.[17] Auch KLAUS HURRELMANN unterstützt die Aussagen von ARIÉS. Er verweist auf das Fehlen der Schonfrist, die Kindern heute zugestanden wird und die ihnen die Entfaltung ihrer kindlichen Natur ermöglicht. Im Mittelalter jedoch

---

[15] Vgl. SPIGEL 1998, S. 110.
[16] Vgl. BRUNKEN 2008, S. 8.
[17] ARIÉS 1977, S. 92f.

wurden Kinder so schnell wie möglich in die Welt der Erwachsenen eingegliedert, was auch die Verrichtung harter Arbeit mit einschloss.[18]

Erst ab dem 18. Jahrhundert, zu Zeiten der Aufklärung, manifestierte sich allmählich der Begriff der „Kindheit" innerhalb der Gesellschaft. Vorreiter dieser Entwicklung war JEAN-JACQUES ROUSSEAU und sein 1762 verfasstes Werk *Emile oder Über die Erziehung*:

> Man kennt und versteht die Kinderwelt durchaus nicht; je weiter man die falschen Ideen, welche man von derselben hegt, verfolgt, desto weiter verirrt man sich. Die Weisesten behandeln mit Vorliebe das den Menschen Wissenswürdigste, ohne dabei auf die Lern- und Begriffsfähigkeit der Kinder Rücksicht zu nehmen. Sie suchen stets schon den Mann im Kinde, ohne an den kindlichen Zustand zu denken, aus dem der Mann sich erst allmählich entwickelt. […] Fangt also an, eure Zöglinge besser zu studieren, denn sicher kennt ihr sie noch gar nicht.[19]

ROUSSEAU vertrat hier erstmalig die Meinung der Notwendigkeit einer von dem Erwachsensein getrennten, unabhängigen Lebensphase, in der auch das Recht zum Kindsein gegeben sein muss. Das Kind sollte nicht mehr nur auf die Zügelung seines unausgereiften, wilden Gemüts, auf fehlende Vernunft und Moral, reduziert werden, sondern sich ausleben dürfen, um damit seiner Entwicklung in all seinen Lebensphasen gerecht werden zu können. Mit dieser Forderung veränderte sich alsbald die Einstellung der älteren gegenüber der jüngeren Generation und damit auch der Bezug zum Kind selbst. Ein emotionalerer Umgang zwischen Kind und Elternteil entstand und festigte damit die sozialen Bindungen in neuem Maße.[20]

In der Romantik gelangte man über das Bild des Kindes zu weiteren, neuen Einsichten. Verstand ROUSSEAU das Kind als „wilden Menschen", der ein geringes Spektrum an emotionalen Gefühlen aufweise, roh war, nicht abstrakt denken könne und über keinerlei Phantasie verfüge, so schrieb JOHANN GOTTFRIED HERDER ihm, dem Kind, das genaue Gegenteil an Eigenschaften zu: ein Sprudel an Gefühlen, unbändige Leidenschaft, Phantasie, Anhänglichkeit. Das Kind wurde aufgrund seiner noch unangetasteten Natürlichkeit und seiner Hinwendung zur Magie und Übersinnlichkeit in die Nähe des Göttlichen gestellt. Dies führte dazu, dass die Kindheit in der Romantik zum paradiesischen Zustand erklärt wurde, das zu erreichen das Ziel aller Romantiker darstellte.[21] Die Literatur war daher geprägt von Anti-Aufklärung und Transzendenz, die in den Volksmärchen und anderen phantastischen Erzählungen zum Hauptmotiv wurde und sich damit der Natur des Kindes anpasste.

---

[18] Vgl. HURRELMANN / BRÜNDEL 2003, S. 58f.
[19] ROUSSEAU [o.J.], S. 8f.
[20] Vgl. WILD 2008, S. 53.
[21] Vgl. EWERS, 2008, S. 97.

Ohne Dichtung können wir einmal nicht seyn; ein Kind ist nie glücklicher als wenn es imaginiert und sich sogar in fremde Situationen und Personen dichtet. Lebenslang bleiben wir solche Kinder; nur im Dichten der Seele, unterstützt vom Verstande, geordnet von der Vernunft, besteht das Glück unsres Daseins.[22]

Im viktorianischen Zeitalter bzw. schon zu Beginn des 18. Jahrhunderts veränderte sich die Rolle des Kindes in der Gesellschaft, und damit auch in der Kunst, erneut. Kinder wurden von da an als etwas Heiliges, Reines und Unschuldiges betrachtet, die als Einzige den Weg in die Phantasie und die Nähe des Göttlichen erreichen konnten. Für viele Erwachsene war das Kind damit der Mittler zum Reich Gottes. Man schrieb nicht nur für Kinder, sondern hauptsächlich für Erwachsene, die sich nach ihrer eigenen Kindheit, dem Idealzustand, zurücksehnten.[23]

Dennoch konnte auch diese Idealisierung nichts daran ändern, dass man begann, Kinder zu disziplinieren und sich ihrer Zügellosigkeit und Undiszipliniertheit entledigen wollte, indem man sie zum Stillstehen mahnte, den Mädchen eine vernünftige Haltung beibrachte und sie in stundenlangen Übungen dazu anhielt, Konzentration und Stillschweigen zu bewahren. Vermutlich aus diesem Grund wollte Lewis Carroll die Kinder in natürlichen und nicht in „antrainierten" Posen fotografieren. Er entsagte sich dieser Art der Mäßigung, indem er die Kinder, mit denen er sich umgab, dazu anhielt, die Freiheit des Traums und der Phantasie zu nutzen, um Grenzen zu sprengen.

Den Kindern wurde das Spielen denn auch recht bald wieder abgewöhnt oder nur noch als erzieherische und pädagogische Maßnahme betrachtet und weniger als Vergnügen. Das Kind sollte auf diese Weise in die strenge Gesellschaft des Viktorianismus integriert werden.[24]

Man kann nun sagen, dass die romantischen Dichter mit dem Schreiben über die Kindheit eine Verbindung zum Erwachsensein zu knüpfen suchten, einen Übergang schaffen und Verständnis für den jeweils anderen finden wollten. Am Ende des 19. Jahrhunderts jedoch verfielen die Autoren, wie auch Lewis Carroll, vermehrt einem nostalgischen Rückblick auf die Kindheit. Nicht mehr die Einheit zwischen Kind und Erwachsenen war es, nach der man strebte, sondern man stand vielmehr in der Tradition des Eskapismus: Man floh vor der Welt der Erwachsenen in die Welt der Träume, in die schöne Welt des Kindseins.[25]

It [Nostalgia, Anm. d. Verf.] is the expression and often the necessary solvent of the tension which inevitably exists between any individual and the society he is

---

[22] HERDER 1862, S. 169.
[23] Vgl. ROTH 2009, S. 23–25.
[24] Jedoch steht dies ganz im Gegensatz zu einer Entwicklung, die im Laufe des 19. Jahrhundert einsetzte: Immer mehr Spielzeugläden – das Symbol der Kindheit schlechthin – eröffneten in dieser Zeit ihre Pforten. Vgl. POLLOCK 2002, S. XVIf.
[25] Vgl. COVENEY 1971, S. 330f.

brought to adjust himself to. It is a product of sensitive adjustment in anyone. It is there in anybody. [...] The insistent nostalgia of the cult of the child at the end of the century suggests that for some the adjustment was unattainable. They indulged nostalgia because they refused or failed to come to sensitive terms with the cultural realities of the times. [...] Certain artists at the end of the century were clearly very much abroad in an alien world.[26]

Anfang des 20. Jahrhunderts schließlich rief die schwedische Reformpädagogin ELLEN KEY das „Jahrhundert des Kindes" aus. Sie war geprägt von der Ansicht ROUSSEAUs und forderte die Anpassung der pädagogischen Mittel an die individuellen Bedürfnisse des Kindes: „Ruhig und langsam die Natur sich selbst helfen lassen und nur sehen, dass die umgebenden Verhältnisse die Arbeit der Natur unterstützen, das ist Erziehung."[27] Damit vertrat sie demokratische Erziehungsideale und gilt heute als Vordenkerin unserer modernen Zeit.

Die damit entstandene bis in die zwanziger Jahre reichende, in der Literatur postulierte Kindheitsidylle, wurde angesichts der Modernisierungstendenzen der Gesellschaft und der damit verbundenen Auflösung des kindlichen Schonraums bald hinterfragt. Neue Kindheitsmodelle setzten sich durch, welche die klassischen Rollen, nämlich wissender Erwachsener und unwissendes Kind, außer Kraft zu setzen suchten.

In den sechziger Jahren wurden weitere, traditionelle, als idealtypisch angesehene Rollenbilder kritisiert, so zum Beispiel die klassischen patriarchalischen Familienstrukturen, aber auch das Gehorsams- und Untertanenmodell der Kinder gegenüber ihren Eltern. Sehr bald gewann die antiautoritäre Erziehung an Einfluss.[28]

Ab den siebziger Jahren bis heute hat die Familie innerhalb des kindlichen Bezugsraumes an Bedeutung verloren.[29] Statt der Eltern übernehmen vermehrt Bildungseinrichtungen, der Freundeskreis und – vor allem anderen – die Medien die Erziehung der Kinder, von denen diese in ihrer Kindheit geprägt werden. Eine unbeschwerte Kindheit wird zudem durch den verfrüht ausgeübten Leistungsdruck in Schule und Gesellschaft belastet. Der Lebensalltag der Kinder muss aufgrund verlängerter Schulzeiten genauestens geplant werden, eine freie, individuell gestaltete Zeiteinteilung ist kaum noch möglich. Das Resultat dieser Entwicklung ist eine beschleunigte Kindheit, in der zweckgerichtete Bildung und Förderung oberste Priorität erfährt und das Kind mehr funktionieren muss als dass es sich durch Erproben und Experimentieren weiterentwickeln könnte. Der Erfahrungswert, der eine freiere Entfaltung und vor allem eine tiefere Auseinandersetzung mit den eigenen Interessen mit sich bringt, geht somit mehr und mehr

---

[26] Ebd., S. 331.
[27] KEY 2000, S. 77.
[28] Vgl. STEINLEIN 2008, S. 340f.
[29] Vgl. WILD 2008, S. 344.

verloren.[30] Die Gefahr dieser kontinuierlichen Leistungsanforderungen und - steigerungen ist eine emotionale Verrohung, da nur noch Fakten entscheidend sind.

2.3 Kindheitsbilder im Film und in den Medien

Heutzutage haben besonders die Medien durch ihre universale Präsenz einen großen Einfluss darauf, wie Kindheit innerhalb der Gesellschaft betrachtet, diskutiert und bewertet wird. Sie generieren Vorstellungen von einer guten, aber auch von einer schlechten Kindheit.[31]

> Die Medien nehmen Kindheitsbilder einerseits auf, andererseits tragen sie dazu bei, Vorstellungen von Kindheit zu entwerfen, die in den verschiedenen Sozialisationsinstanzen aufgegriffen werden und in Prozesse von Erziehung und Bildung einfließen.[32]

Kindheitsbilder sind zu verstehen als „[…] Entwürfe und Vorstellungen, die sich eine Epoche, eine soziale Gruppe oder auch ein einzelner von Kindern macht und die individuell und gesellschaftlich außerordentlich wirksam sein und das Verhalten gegenüber ‚wirklichen' Kindern durchaus beeinflussen können."[33]

Dass die so erzeugten Kindheitsbilder jedoch stark von der Realität abweichen, darauf machen KRÄNZL-NAGL / MIERENDORFF in einer Studie von 2007 aufmerksam. Sie verweisen dort auf die Tendenz der Medien, auf Basis eines verklärt-romantischen Bildes von Kindheit, ein sehr pessimistisches, düsteres Bild heutiger Kindheit nach außen zu transportieren, da alles, was von dem vermeintlichen Ideal abweicht, dramatisiert und überspitzt wird. Überwiegend thematisiert werden dort nämlich Verwahrlosung, Gewalt in der Kindheit bzw. gewaltbereite Kinder, fehlende oder mangelnde Kompetenz von Kindern im Umgang mit Medien, Überforderung der Eltern und erhöhter Leistungsdruck, der die Auflösung des kindlichen Schonraums bedeuten könnte. Befragungen von Kindern selbst ergaben jedoch, dass diese sehr viel zufriedener sind als in den Medien dargestellt.[34]

Seit seinen Anfängen greift auch der Film das Thema Kindheit regelmäßig auf. Ebenso wie das Fernsehen oder das Internet ist der Film in großem Maße dafür verantwortlich, ein Konzept von Kindheit zu entwerfen. Dabei ist jedoch zu beachten, dass auch der Film nur ausgewählte Bilder repräsentieren, aber niemals

---

[30] Vgl. PFEIFFER 2005, S. 8f. S. dazu auch: http://www.ph-weingarten.de/erziehungswissenschaft /downloads/geschichte_kindheit.pdf [23.10.2012].
[31] Vgl. KRÄNZL-NAGL / MIERENDORFF 2007, S. 5. S. dazu auch: http://www.kindergarten paedagogik.de/1613.pdf [25.10.2012].
[32] WEGENER 2011, S. 123.
[33] RICHTER zit. nach KRÄNZL-NAGL / MIERENDORFF 2007, S. 5. S. dazu auch: http://www.kin dergartenpaedagogik.de/1613.pdf [25.10.2012].
[34] Vgl. KRÄNZL-NAGL / MIERENDORFF 2007, S. 5f.

ein allumfassendes Ganzes zeigen kann, welches alle Aspekte von Kindheit vereint.[35] Und auch beim Film zeigt sich die Tendenz, das „Ende der Kindheit" heraufzubeschwören oder zumindest zu problematisieren. Wie man sehen wird, legen besonders die moderneren *Alice-im-Wunderland*-Verfilmungen den Schwerpunkt auf den Übergang ins Erwachsenendasein und auf die düstere Seite der Kindheit.

Worin liegt aber die Ursache für diese Art der verzerrten oder sehr pointierten Darstellung heutiger Kindheit? CHRISTIAN STEWEN hat sich in seinem Buch *The Cinematic Child* (2011) intensiv mit der Mediatisierung von Kindheit in Film und Medien auseinandergesetzt. Die mediale Dramatisierung von Kindheit, die bereits KRÄNZL-NÄGL beschreibt, sieht STEWEN als Zeichen der Angst vor der Auflösung gesellschaftlicher Ordnungen und Regeln. Die Kindheit als einstiges Zeichen des Neubeginns, der Unschuld, des Unverbrauchten wird heute vermehrt ins Negative verkehrt und somit entzaubert. Diese Entzauberung der Kindheit in den Medien und im Film deutet darauf hin, Kindheit nicht mehr als geschützten Raum zu erleben. Das Entgleiten der elterlichen Kontrolle spiegelt sich darin ebenso wieder wie die Gefahr der Übernahme der Kontrolle durch die Übermacht der Medien und anderer, sozialer Institutionen.[36] Es ist möglicherweise auch eine Art der Verarbeitung, sich auf diese Weise den neuen Entwicklungen zu stellen und sich mit ihnen auseinanderzusetzen. Denn der mediale Diskurs über Kindheit ist und bleibt wichtig, um auf Probleme ebenso wie auf Chancen aufmerksam zu machen, die sich durch die stetige Entwicklung aller gesellschaftlichen Bereiche ergibt. Es gibt keinen Stillstand und jede Gesellschaft muss lernen, mit den ihnen gegebenen Ressourcen und Veränderungen, die sich daraus ergeben, umzugehen. Dazu können die Medien und auch der Film beitragen, wie CLAUDIA WEGENER mit Hinweis auf die positiven Seiten der medialen Beschäftigung mit Kindheit konstituiert:

> Kinderfilme nehmen ein Bild von Kindheit auf und spiegeln dieses in ihren Produktion, andererseits zeichnen sie ein Bild des Aufwachsens, das in der Lage ist, Vorstellungen von Kindheit mit zu prägen und Maßstäbe für einen Umgang mit Heranwachsenden zu prägen.[37]

---

[35] Vgl. HANSON 2000, S. 146f.
[36] Vgl. STEWEN 2011, S. 226f.
[37] WEGENER 2011, S. 121.

3 Magie, Märchen und Traum in der Kindheit

> „He wonders if the world is becoming a dream
> Or if the dream is becoming the world."
>
> *Bande á part* (Jean-Luc Godard, 1964)

Die Kindheit gilt seit der Romantik als ein Ort der Magie, der Phantasie und des Träumens. Für diese außerordentliche Hingezogenheit des Kindes zum Magischen, der offensichtlich schon damals Rechnung getragen wurde, prägte PIAGET später den Begriff der *Magischen Phase,* die heute als wichtiger Bestandteil im Entwicklungsprozess des Kindes gilt. Die Rolle, die das Märchen und der Traum innerhalb der kindlichen Wahrnehmung spielen, soll daher im Folgenden herausgearbeitet werden. Dies ist insofern für die weitere Analyse und Bearbeitung der Fragestellung relevant, als dass *Alice im Wunderland* selbst in einer magischen Traum- und Märchenwelt spielt und das darin gespiegelte Kindheitsbild anhand der dortigen imaginierten, d.h. im Inneren des Kindes ablaufenden Ereignisse gemessen werden muss.

3.1 Die *magische Phase* und das Selbstverständnis des Wunderbaren

Die *Magische Phase* wurde, wie bereits erwähnt, zuerst von PIAGET beschrieben. Seiner Beobachtung nach setzt diese Phase vor allem ab einem Alter von drei Jahren ein und kann – je nach Entwicklungsgrad des Kindes – bis ins zehnte Lebensjahr hineinreichen.

Es existieren nun nachweislich verschiedene Arten von Magie, die während der Dauer dieser Phase im kindlichen Denken auftauchen können. Man unterscheidet

> Magie durch Partizipation zwischen Gedanken und Dingen (z.B. Zaubersprüche oder Wünsche), zwischen Handlungen und Dingen (z.B. Auf-Holz-Klopfen, damit es Glück bringt) oder zwischen Objekten untereinander (z.B. die Wirkung von Maskottchen). [...] Weiterhin zählt zu den magischen Überzeugungen auch das Für-Wahr-Halten unmöglicher Ereignisse [...].[38]

Das magische Denken ist nach PIAGET ein „Ausdruck präkausalen Denkens"[39], was bedeutet, dass Kindern der Zusammenhang zwischen Ursache und Wirkung noch nicht bewusst ist. Diese Auffassung konnte jedoch laut CLAUDIA MÄHLER widerlegt werden. So gingen neuere Studien davon aus, dass magisches Denken lediglich auf ein Wissensdefizit von Kindern zurückzuführen sei. Viele von ihnen waren nämlich durchaus auch in diesem Stadium ihrer Entwicklung

---

[38] MÄHLER 2005, S. 30.
[39] Ebd.

bereits in der Lage, den Zusammenhang zwischen Ursache und Wirkung zu verstehen.[40] Diese Beobachtung erklärt jedoch nicht, woher das magische Denken überhaupt rührt, und deutet lediglich darauf hin, dass den Kindern das magische Denken durch Erziehung und Bildung abtrainiert wurde.

Da nach MÄHLERs Beobachtung dennoch viele Kinder trotz genügend Wissen über ihre Umwelt phantastische Erklärungen bevorzugen und weiterhin imaginieren, deutet sie diesen Wunsch der Kinder nach magischem Denken als „Ausdruck ihrer Phantasietätigkeit". So können kausallogisches und magisches Denken nebeneinander koexistieren, ohne dass das eine das andere überlagert. Vergleichbar wäre dies beispielsweise auch mit religiösen Überzeugungen und dem Aberglauben von Erwachsenen.[41]

Mit *Alice im Wunderland* hat auch Carroll eine Geschichte geschaffen, die Alice in ihrer magischen Phase zeigt und von der sich deshalb viele Kinder angesprochen fühlen. Diese Phase hilft ihnen nämlich dabei, sich und ihre Umwelt besser zu verstehen. Dinge und Ereignisse, die sie einander zunächst nicht zuordnen können, werden dabei mit einer eigenen, „magischen" Bedeutung angefüllt. Man könnte sagen, es macht das Unbekannte, möglicherweise dadurch auch bedrohliche Wirkende, für die Kinder kontrollierbarer.

In dieser Phase kommt es auch häufig dazu, dass sich Kinder nicht nur phantasiebehaftete Situationen ausmalen, in denen sie das gesellschaftliche Leben der Erwachsenen nachspielen und sich deren Regeln aneignen können, sondern sich ebenso imaginäre Freunde zulegen, die ihnen einen gewissen emotionalen Rückhalt geben. Der Psychoanalytiker PIAGET schrieb dazu:

> Ebenso, wie das Übungsspiel durch funktionelle Assimilation jede der Neuerwerbungen des Kindes reproduziert, ebenso reproduziert das Phantasiespiel alles Erlebte, aber in symbolischer Darstellung, und in beiden Fällen ist diese Reproduktion vor allem Bestätigung des Ich durch das Vergnügen, seine Fähigkeiten zu erproben und die flüchtigen Erfahrungen wieder zu durchleben. Ganz besonders fällt auf, daß die fiktiven Personen […] nur in dem Maße Existenz erhalten, als sie als wohlwollende Zuhörer oder als Spiegel für das Ich dienen. […] Zweifellos sind diese imaginären Begleiter auch beeinflußt von der moralischen Erziehung der Eltern, aber nur insofern, als es sich darum handelt, die moralische Erziehung auf angenehmere Weise zu internalisieren als in der Wirklichkeit.[42]

In derselben Phase tritt der kindliche Animismus auf, welcher als Teilaspekt des magischen Denkens zu werten ist, und der nichts anderes bedeutet, als dass das Kind jedem leblosen Gegenstand ebenso wie jedem Tier ein Bewusstsein und damit menschliche Gedanken und Gefühle zuspricht. Ursache für diese Zuschreibung ist, dass das Kind in seiner frühen Entwicklungsphase seine Außenwelt noch nicht von seiner eigenen, subjektiven Gefühlswelt trennen kann.

---

[40] Vgl. ebd., S.32.
[41] Vgl. ebd., S.35–38.
[42] PIAGET 1969, S. 171.

Für das Kind besteht noch kein Unterschied zwischen dem „Ich" und dem „Du". Daher projiziert es seine gesamten Gefühle und Gedanken auf die es umgebende Umwelt.[43]

Die Bedeutung der Magischen Phase, die Bedeutung von Magie und Phantasie für die kreative Entwicklung und vor allem auch für die Entwicklung des Selbstbewusstseins wird in der heutigen Zeit allerdings unterschätzt. Viele Eltern schenken dem zu wenig Aufmerksamkeit bzw. betrachten es sogar als besorgniserregend, wenn ein Kind sich zu stark in seinen Träumen verliert. Das liegt daran, dass heute sehr viel mehr Wert auf kognitive Leistungen gelegt wird als auf Phantasie und Kreativität. Das Bedürfnis der Kinder sollte jedoch gefördert werden. Dies geschieht beispielsweise durch das Vorlesen und Erzählen von Märchen und anderen phantastischen Geschichten, die Kindern die Möglichkeit geben, sich gedanklich auszuleben.

3.2 *Es war einmal…* Von der Bedeutung des Märchens in der Kindheit

Märchen werden heute fast ausschließlich mit der Kindheit assoziiert. Doch nach JACK ZIPES waren sie ursprünglich gar nicht für Kinder, sondern hauptsächlich für Erwachsene gedacht. Im Märchen erleben Kinder eine Welt, die ihrer eigenen erfahrbaren Realität sehr nahekommt. Das Magische darin deckt sich mit ihrem magischen Denken und erhält dadurch den Status des Normativen, wohingegen das Märchen wiederum für Erwachsene lediglich eine melancholische Erinnerung ist, eine Erinnerung an eine magische und märchenhafte „Zeit, in der das Wünschen noch geholfen hat."[44] Denn mit Eintritt in die Erwachsenenwelt wird das Kind nicht nur seiner Kindheit beraubt, diese Entwicklung geht gleichzeitig einher mit dem Verlust alles Magischen und Zauberhaften, die der nüchternen Realität weichen müssen. Mit dem Märchen erschuf man sich jedoch eine Art „Trostkultur", welche die Tore zum magischen Reich der Kindheit zumindest für eine gewisse Zeit erneut öffnen kann.[45]

Historisch betrachtet waren Märchen lange Zeit, nämlich bis zu Beginn des 19. Jahrhunderts, in weiten Teilen der Gesellschaft verpönt. Vor allem Erzieher und Geistliche der damaligen Zeit hatten Probleme damit, ihre Moralvorstellungen und erzieherischen Grundsätze im Märchen zu manifestieren. Kinder sollten sich mit Phantasie nicht abgeben, sondern realistische und vernunftbezogene Lebensweisen und Regeln kennenlernen, die ihrer Meinung nach auch nur in realistischen Erzählungen zur Anwendung kommen konnten.

---

[43] Vgl. PIAGET 1978, S. 143f. sowie S. 200–204.
[44] GRIMM zit. nach HEINZELMANN 2009, S. 11. Vgl. dazu: http://www.kinofenster.de/download /monatsausgabe-10-2009.pdf [28.10.2012].
[45] Vgl. ebd., S. 10f.

Im Laufe der Zeit änderte sich diese Ansicht allerdings und Mitte des 19. Jahrhundert entstanden immer mehr Märchenerzählungen in England – jedoch phantasielose Gebilde mit eindeutiger Moral.[46] Die gedruckten Märchen wurden hauptsächlich in den gehobenen Schichten gelesen. Über die mündliche Erzählung konnten sie sich aber auch in den untersten, nicht lesefähigen Schichten verbreiten. Bald darauf setzte man sie auch als Einschlafhilfe für Kinder ein. Man nutzte hierfür das für Märchen typische Happy End, um den Kindern ihre Ängste zu nehmen, erkannte darin aber ebenso den erzieherischen Nutzen: Der im Märchen angebrachte Lösungsweg entsprach dem allgemein anerkannten Weg, den man gesellschaftlich als beste Lösung ansah, da er bewusste und unbewusste Entscheidungen und Wünsche vereinte.[47]

Für BRUNO BETTELHEIM steckt darin die besondere Bedeutung der Märchen, da sie – im Gegensatz zu anderen Erzählungen – die Kinder an die Hand nehmen und leiten. Die Regeln und moralischen Grundsätze, die Märchen enthalten, helfen ihnen dabei, sich in der für sie noch undurchsichtigen Welt der Erwachsenen zurechtzufinden.[48] Bis zum siebten Lebensjahr erscheint die Welt des Kindes noch chaotisch, ohne dass es sich dessen bewusst wäre. Das Chaos ist ein natürlicher Teil der kindlichen Wahrnehmungsentwicklung und Denkweise. Dadurch kann es vorkommen, dass beispielsweise unterschiedliche Gefühle, die gleichzeitig auftreten können, als gegensätzlich angesehen und nicht verstanden werden. Sie treten daher nur als einzelnes Gefühl auf, als Entweder-Oder, und können sich auf sehr dramatische Weise entladen.[49]

Märchen sind nach BETTELHEIM nun in der Lage, unterstützend auf die chaotische Gefühlswelt der Kinder einzuwirken, da sie sie emotional nicht überfordern. Er befürwortet daher auch die häufig kritisierte Stereotypisierung im Märchen und die klare Trennung von Gut und Böse:

> Die Darstellung der charakterlichen Polaritäten erleichtert es dem Kind, den Unterschied zu erfassen, was nicht so einfach wäre, wenn die Figuren lebensechter und so komplex wie wirkliche Menschen wären. Mit Doppeldeutigkeiten muß man warten, bis aufgrund positiver Identifikationen eine relativ feste Persönlichkeit entstanden ist.[50]

Den positiven Effekt des Märchens auf das Kind sieht er bei für den Film adaptierten Märchen allerdings selten gegeben. Seiner Ansicht nach bleiben Märchenfilme zu sehr an der Oberfläche und verzichten auf grausame Elemente,

---

[46] Vgl. AVERY 1971, S. 321–324.
[47] Vgl. BETTELHEIM 1980, S. 45f. und 69.
[48] Vgl. ebd., S. 11f.
[49] Vgl. ebd., S. 87f.
[50] Ebd., S. 16.

um Kinder zu schonen.[51] Die eigentliche Macht des Märchens, in die Untiefen der Seele vorzudringen und das Ursprünglichste im Menschen anzusprechen, ihm seine geheimsten Sehnsüchte, Wünsche und Ängste zu entlocken, gehe dabei verloren.[52] Wenn Kinder also Märchen lesen oder hören, werden sie mit ihren innersten und unbewussten Ängsten konfrontiert. Die aufgezeigten Lösungswege helfen ihnen schließlich dabei, sich davon zu befreien oder diese zu bewältigen.[53]

Mit dieser Aussage zieht BETTELHEIM indirekt eine Verbindung zwischen Märchen und Traum. Er erkennt in ihrer Symbolhaftigkeit eine grundsätzliche Gemeinsamkeit. Diese Symbolsprache zu kennen ist seiner Ansicht nach eine wichtige Voraussetzung dafür, sowohl Märchen als auch Träume analysieren zu können.[54] Denn vieles, was man einem Menschen, einem Gegenstand oder einem Ereignis an Eigenschaften zuschreibt, ist im Traum oder Märchen bildlich umgesetzt mit einem Symbol, das kulturell genau diese Eigenschaft beschreibt. Kinder in der *Magischen Phase* verstehen diese Symbole sofort.

Der Traum (des Kindes) als wichtiges Motiv bei *Alice im Wunderland* soll daher im Folgenden näher betrachtet werden, denn dieser „[...] ist erst die Voraussetzung für die Märchenwelt, in welche die Protagonisten hinabsteigen."[55]

3.3 Der Kindheitstraum und seine Funktion

Die Romantik betrachtete die Kindheit als eine Phase, in der die Fähigkeit zum Träumen gegeben war. Das überwinden von Grenzen, Freiheitlichkeit, die Abkehr von weltlichen Regeln und Gesetzen waren dabei erstrebenswerte Ziele, die sich nur in den Traumwelten von Kindern ereignen konnten. Dies war das unerreichbare Ideal, nach dem man sich sehnte.

Das Interesse am (kindlichen) Traum war auch bei Carroll sehr ausgeprägt und er beschäftigte sich maßgeblich damit, wie eine Aufzeichnung in einem seiner Tagebücher aus dem Jahre 1856 verdeutlicht:

> Frage: Wenn wir träumen und, wie es oft der Fall ist, uns dieser Tatsache vage bewusst sind und aufwachen versuchen, sagen und tun wir dann nicht Dinge, die im wachen Zustand verrückt wären? Könnten wir nicht folglich Verrücktheit als

---

[51] Die Literaturwissenschaftlerin VILMA MÖNCKEBERG-KOLLMAR hingegen betrachtete Visualisierungen und Illustrationen von Märchen als Beschränkung der Phantasie der Kinder. Märchen kehren ihrer Meinung nach das Innere nach außen, weshalb das Objektbezogene, das Bildhafte eine tragende Rolle spielt. Illustriere oder visualisiere man Märchen, nehme man ihnen damit gewissermaßen ihre Zeitlosigkeit und ihre Unschuld. Was beim Lesen unsichtbar bleibt – nur eine lose Vorstellung, die nicht greifbar ist – brennt sich als Bild in das Gedächtnis ein. Vgl. LIPTAY 2004, S. 25–28.
[52] Ebd. 1980, S. 75.
[53] Vgl. BETTELHEIM 1980, S. 32.
[54] FROMM 2007, S. 14.
[55] KLEINSPEHN 1997, S. 59.

die Unfähigkeit definieren, den wachen Zustand vom Schlafzustand zu unterscheiden? Wir träumen oftmals ohne den geringsten Verdacht, das sei alles unrealistisch: „Schlaf hat seine eig'ne Welt", und diese Welt ist häufig genauso lebensecht wie die andere.[56]

Mit *Alice im Wunderland* verfasste er schließlich einen der wenigen literarischen Texte überhaupt, die seinerzeit den Traum eines Kindes beschreiben. Zu dieser Zeit, und auch davor, gab es wenige schriftliche oder anderweitig festgehaltene Zeugnisse über Kinderträume. Erst mit Aufkommen der Psychoanalyse durch SIGMUND FREUD gerieten auch das Kind und seine Träume kurze Zeit ins Blickfeld von Gesellschaft und Wissenschaft.[57] Doch so sehr sie augenscheinlich auch zur Kindheit gehören, so unerforscht bzw. kaum erfasst sind Träume von Kindern selbst heute noch. Dies liegt daran, dass Träume von Kindern als unmissverständlicher gelten als die von Erwachsenen. Sie sind nach FREUD einfache Wunscherfüllungsträume, die sich aus Erlebnissen des Vortages zusammensetzen. Weiterhin wurde z.B. von ZIERL darauf hingewiesen, dass Kinder häufig Traum und Phantasie miteinander vermischen und damit den Trauminhalt verfälschen würden.[58] Einer der Hauptgründe der Psychoanalyse, sich dem Kindertraum nur geringfügig zuzuwenden, ist allerdings, dass sich bei Kindern „[…] Triebabkömmlinge, Impulse und Wünsche auch im freien Spiel, in bewussten Phantasien und in Tagträumen ausleben […]", was eine Traumanalyse überflüssig mache.[59]

Will man die Traumdeutung FREUDs kurz anreißen, wird man bemerken, dass FREUD die Ansicht vertrat, dass – wie oben bereits angemerkt – der Traum alleinig der irrationalen Wunscherfüllung des Träumenden gleichkommt. Diese Wünsche seien bis in die Kindheit verwurzelt und zeugten von Übel und Schlechtigkeit.[60] Denn für FREUD war das Kind frei von moralischen Werten und insofern die Reinform des Bösen, alles Schlechten, das der Mensch in sich trage. Nur mithilfe der Gesellschaft würde aus dem schlechten Kind ein guter Mensch. Im Traum jedoch fänden sich noch Rückstände aus dieser kindlichen Zeit wieder, die es zu behandeln gelte. Freud stellte sich damit gegen die Glorifizierung des „unschuldigen Kindes" im Viktorianischen Zeitalter, wofür er heftig kritisiert wurde.[61]

---

[56] CARROLL, zitiert nach GARDNER 2002, S. 75.
[57] Vgl. HOPF 2007, S. 14–17.
[58] Vgl. ebd., S. 23–25.
[59] Ebd., S. 25.
[60] Nach ERICH FROMM werden im Traum jegliche Regeln und Gesetze des gesellschaftlichen Lebens aufgehoben, wodurch der Geist frei von Zwängen agieren kann, was zu einem besseren (da der manipulative, schlechte Einfluss der Außenwelt fehlt) oder einem schlechteren, weil triebhafteren, Agieren im Traum führen kann. Vgl. FROMM 2007, S. 32–34.
[61] Vgl. ebd., S. 46–48.

Alice im Wunderland behandelt demnach einen Wunscherfüllungstraum, da „die Triebkraft der Traumentstehung [...] ein Wunsch"[62] sein muss. Dieser Wunsch ergibt sich bei Alice aus dem Gedanken, einer deprimierenden Welt ohne Bilder und ohne Träume, mit der sie sich im Zuge ihres Älterwerdens konfrontiert sieht, entfliehen zu wollen. Da die Handlungs- und Entscheidungsfreiheit eines Kindes zu begrenzt ist, um in der Wirklichkeit eine Veränderung seines gegenwärtigen Zustandes zu bewirken, bleibt ihm einzig die Erschaffung einer Traumwelt, in der es das Geschehen um sich herum selbständig lenken kann.[63] Durch diese Traumwelt ist das Kind aber auch in der Lage, innere Konflikte zu verarbeiten.

Viele Psychoanalytiker wie C. G. JUNG oder ADLER übten jedoch auch Kritik an Freuds einseitiger Sicht des Traums als Wunscherfüllung und erweiterten die Funktionen des Traums. Sie erkannten Träume beispielsweise als Kompensation, bei denen diese den Ausgleich zu einer unbewusst einseitig geführten Lebens- oder Denkweise bewirken können. Die prospektive Funktion zielt darauf ab, vorausschauend mögliche, zukünftige Konflikte probeweise durchzuspielen und Lösungen dafür zu finden.[64]

Wie sich das Traummotiv nun in den einzelnen Verfilmungen bemerkbar macht, wird im Hauptteil ausführlicher erläutert. Zuvor soll noch ein Blick auf die Entstehung von Carrolls *Alice im Wunderland* – als Vorlage der zu analysierenden Filme – geworfen werden, und darauf, wie er die Magie, das Märchen und den Traum als Aspekte der Kindheit in seinem Werk zusammenführt.

---

[62] RAGUSE 2003, S. 34.
[63] Vgl. ebd.
[64] Vgl. HOPF 2007, S. 42–45.

4 Die Vorlage

Lewis Carrolls Werk über die Kindheit war neu und anders als all die anderen Werke, die die Kinder- und Jugendliteratur bis zu diesem Zeitpunkt hervorgebracht hatte.[65]

In den vorangegangenen Epochen kam es infolge des gewandelten Kindheitsbildes mehrmals zu einer Angleichung der (Kinder-)Literatur an die jeweils geltenden Ansichten. So erschien während der Aufklärung beispielsweise vermehrt Literatur im ROUSSEAU'schen Sinne, nämlich die sogenannte „Erziehungsliteratur", welche die Kinder unterhalten sollte, die gleichzeitig aber auch eine belehrende Wirkung entfaltete. Auch in der Romantik wurden die Forderungen und Ansätze neuer Geisteshaltungen literarisch umgesetzt. Statt an das Nützlichkeitsdenken appellierte man hier an die Phantasie des Kindes und veröffentlichte vermehrt Märchenerzählungen. Doch all diese Werke blieben durchsetzt von Regeln und moralischen Grundsätzen.[66]

Lewis Carroll durchbrach mit seinem Werk *Alice im Wunderland* erstmals diese Schranken der strengen, literarischen Reglementierung. Die Hauptfigur, Alice, lässt darin jeglichen Respekt vor der Autorität der öffentlichen Staatsgewalt missen und hinterfragt die Regeln des gesellschaftlichen Zusammenseins zwischen Erwachsenen und Kindern, indem es diese ad absurdum führt. Geltende Meinungen werden hinterfragt und literarisch entlarvt. Auf diese Weise wird das Recht des Kindes auf Selbstbestimmung eingefordert. Das Buch führt vor, wie man sich als „wehrloses" Kind gegen die scheinbar mächtigere Welt der Erwachsenen durchsetzen kann. Lewis Carroll war damit ein Vorreiter im Kreise der Autorenschaft, der selbst einen gesellschaftlichen Wandel auf die Sicht der Kindheit herbeiführte.

Zum näheren Verständnis wird im Folgenden kurz angerissen, welche Person sich hinter dem Mythos Lewis Carroll verbarg, mit welcher Intention das Buch entstand und wie es eine solche Wirkung erzielen konnte.

4.1 Lewis Carroll

Ein wenig schien er der von James M. Barrie erschaffenen Figur des Peter Pan zu entsprechen: Der Schriftsteller Lewis Carroll, der im realen Leben Charles Lutwidge Dodgson hieß, und sowohl in seinen Texten als auch im Leben stets

---

[65] Erst seit Ende des 18. Jahrhunderts, mit der Wandlung des Kindheitsbilds innerhalb der Gesellschaft, wurde immer mehr eigens für Kinder verfasste Literatur publiziert. Sehr rasch dominierte diese Art der Literatur den Buchmarkt. Vgl. EWERS 2000, S. 24.
[66] Vgl. ebd., S. 181–183.

den Eindruck erweckte, niemals erwachsen werden zu wollen.[67] Er suchte nie oder nur selten die Gesellschaft anderer Erwachsener, fand zu ihnen offensichtlich keinen Zugang, und mutete daher für die meisten seiner Mitmenschen „curious and curiouser" an. In den vielen Biographien, die es über ihn gibt, wird er als schüchterner, wortkarger Eigenbrötler beschrieben. Eine aktuelle Biographie von JENNY WOOLF aus dem Jahr 2010 widerspricht jedoch einigen dieser Aussagen und zeigt ihn in einem neuen Licht.

Geboren am 27. Januar 1832 in Daresbury, Cheshire, wuchs er mit seinen zehn Geschwistern – darunter sieben Schwestern – im viktorianischen England auf.[68] Er war ein verträumtes Kind, das sich lieber den eigens gebauten Marionettentheatern widmete und sich phantasievollen Geschichten hingab, als die für einen Jungen als typisch angesehenen Aktivitäten, wie Sport, auszuüben. Als er mit zwölf Jahren auf die Rugby School geschickt wurde – eine Schule, an welcher man den Rugbysport mit großer Beliebtheit ausübte und an der infolgedessen körperliche Leistungen hoch bewertet wurden[69] – konnte er damit nur wenig anfangen und wurde aufgrund seiner geringen sportlichen Begabung als Außenseiter deklariert. Auch sein zu dieser Zeit beginnendes Stottern ließ ihn zum Opfer von Hänseleien werden. Letzteres Handicap wird oft als Ursache dafür herangezogen, warum er nie versuchte, mit Frauen anzubandeln. Kinder hingegen störten sich nicht daran und so konnte er sich ihnen gegenüber ganz offen und ungehemmt verhalten.[70]

Schon früh begeisterte er sich für die Mathematik und die Wissenschaft der Logik und begann alsbald ein Studium in Oxford, England. Nach seinem Abschluss unterrichtete Carroll Mathematik in Christ Church an der Oxford High School und gab dort auf spielerische Weise seine Vorliebe für Zahlen an seine Schüler weiter. Doch wurde sein Unterricht nicht von allen geschätzt. Viele der aus reichem Hause stammenden Schüler empfanden ihn gar als langweilig.

Doch all dies minderte Carrolls Leidenschaft nicht, und er konzentrierte sich bald vermehrt auf die symbolische Logik[71] und Sprachspiele, die seine Faszination weckten, und die sich auch in seinem berühmtesten Werk, *Alice im Wunderland*, wiederfinden sollten.

Mit Aufkommen der Photographie konnte er seine kreative und künstlerische Seite zudem nicht nur schriftlich, sondern auch bildlich ausleben und festhalten,

---

[67] So schrieb er als junger Mann das folgende Gedicht, das ausdrückt, wie stark er sich der Kindheit verbunden fühlte und sich nach ihr sehnte: „I'd give all wealth that years have piled, / The slow result of life's decay, / To be once more a little child / For one bright summer day." CARROLL zitiert nach COVENEY 1971, S. 332.
[68] Vgl. WOOLF 2010, S. 11–14.
[69] Vgl. COLLINGWOOD 2004, S.26–28.
[70] Vgl. GÜNTHER 2006, S. 10–13
[71] Vgl. WOOLF 2010, S. 47–51.

und zeigte dabei enormes Talent. Für viele war er bald unverkennbar „[...] one of the best portrait photographers of the century."[72] Mit der Zeit rückten immer mehr Kinder als Motiv in den Vordergrund seiner Arbeit.

Seine Liebe zu Kindern sollte Lewis Carroll jedoch im Laufe der Zeit zum Verhängnis werden. Was im Viktorianischen Zeitalter noch als weitestgehend normal betrachtet wurde[73], nämlich die Nacktfotografie auch von Kindern[74], wurde mit und innerhalb der Entstehung der Psychoanalyse durch SIGMUND FREUD als Perversität verpönt und starke Kritik an Carroll geübt.[75] So wurde beispielsweise *Alice im Wunderland* im Jahre 1933 von dem Satiriker A.M.E. GOLD-SCHMIDT neu analysiert, welcher hinter jedem Bild ein Symbol für sexuelle Frustration vermutete.[76] Fortan galt Lewis Carroll bei einigen Kritikern als Pädophiler.

Will man sich aber ein Urteil über die damaligen Fotografien bilden, darf man nicht von unserem heutigen Verständnis von Kindheit, besonders in Bezug auf Sexualität und Nacktheit, ausgehen, sondern muss die Umstände und Gepflogenheiten der damaligen Zeit berücksichtigen. Zum Verständnis derartiger Fotografien sei gesagt, dass man Kindern im 18. Jahrhundert jeglichen Sinn für Sexualität absprach. Da man von deren Bedeutungslosigkeit für das Kind ausging, scheute man sich nicht davor, besonders offen mit Kindern über sexuelle Handlungen zu sprechen, Nacktheit oder auch körperliche Berührungen zuzulassen.[77]

---

[72] AUDEN 1971, S. 30.

[73] In einem Interview mit ICONS erläutert MARINA WARNER dazu: „He's been criticised for that because people suspected him of having the wrong kind of interests, but at the time it was fairly well tolerated – there was no whisper of scandal against him, and he took a lot of photographs of the children. He also became very interested in children who were on the stage – he campaigned for them to have better conditions and was worried that they didn't go to school. So he had a philanthropic interest in children as well as his own child-like identification and deep sympathy with them." Vgl. dazu: http://web.archive.org/web/20100404184034/http://www.icons.org. uk/theicons/collection/alice/features/marina-warner [30.09.2012].

[74] Ihren Ursprung haben diese in den Putti der Antike, womit die Darstellung nackter Knabenfiguren in der Malerei und Skulptur gemeint ist. Nacktportraits von Kindern entstanden jedoch erst im 17. Jahrhundert mit Aufkommen der Portraitzeichnungen von Kindern im Allgemeinen. Diese wurden schließlich auch in der Photographie zu einem häufigen und beliebten Motiv. Vgl. ARIÉS 1977, S. 104f.

[75] Als sich das Bild und die Vorstellung über Kindheit zu diesem Zeitpunkt allmählich zu wandeln begann, verbot Alice Lidells Mutter Carroll den Umgang mit ihren drei Töchtern, die er sehr häufig fotografierte. Carroll selbst widmete sich ab da an nur noch kurze Zeit seinem geliebten Hobby, bevor er die Photographie jäh und unerwartet aufgab. Die Gründe, die ihn zu diesem Schritt veranlassten, sind bis heute unbekannt. Vgl. GÜNTHER 2006, S. 14f.

[76] Vgl. GOLDSCHMIDT 1971, S. 329–332.

[77] Vgl. MILAM 2002, S. 49.

23

Zunächst einmal glaubte man, daß die Sexualität dem Kind vor der Pubertät fremd und gleichgültig war. So bleiben Gesten und Anspielungen folgenlos, sie wurden bedeutungslos und verloren ihren sexuellen Charakter, neutralisierten sich. Zum zweiten kannte man die Vorstellung nicht, daß Bezugnahmen auf sexuelle Gegenstände, und zwar selbst solche, die praktisch frei von zweideutigen Hintergedanken waren, real oder doch im Kopfe derer, die sich darüber Gedanken machten, die kindliche Unschuld beflecken könnten: man konnte sich nicht vorstellen, daß diese Unschuld wirklich existierte.[78]

Inwieweit Carroll pädophil war, lässt sich bis heute nicht eindeutig feststellen. Es ist jedoch nicht bekannt, dass er Kinder jemals unsittlich berührte oder sie anderweitig missbrauchte. Kein Kind, mit dem er sich umgab, erhob jemals Anklage oder Vorwürfe gegen ihn.[79] Die aktuelle Carroll-Forschung sieht ebenfalls keinen Zusammenhang zwischen erotischen Männerphantasien und den damals fotografisch erzeugten Kindheitsbildern, zumal auch Frauen, wie die berühmte Fotografin Julia Margaret Cameron, in sehr poetischer Weise – mit langen, dunklen Haaren, zumeist engelsgleich, unschuldig und anmutig in Szene gesetzt – junge Mädchen porträtierten.[80]

Diese Art des dargestellten Kindheits- bzw. Frauenideals geht zurück auf die Präraffaeliten, mit deren Ansichten sich auch Carroll eng verbunden sah. Die Präraffaeliten waren eine einflussreiche Gruppe von jungen Malern, die sich Mitte des 19. Jahrhunderts zusammenfanden. Sie rebellierten gegen die vorherrschende akademische Malweise der damaligen Zeit und orientierten sich stattdessen an der Natur als der Quelle, aus der sie ihre künstlerischen Inspirationen zogen. Nur, indem sie die Natur eingehend studierten und detailgetreu wiederzugeben versuchten, konnten sie Wahrhaftigkeit in ihrer Kunst erlangen.[81]

Festzuhalten ist, dass Carrolls Verständnis für Kinder sowie seine Sensibilität im Umgang mit ihnen ihm tiefe Einblicke in die Seele des Kindes gewähren ließ, in seine Wünsche, Ängste und Träume. Er nahm Kinder ernst – welche ihm im Gegenzug als Zeichen der Dankbarkeit dafür ihr Zutrauen schenkten – und webte daraus den Stoff für seine Erzählungen, die in keinster Weise glorifizierend oder gar verherrlichend zu nennen sind.

> For instance, there is not the slightest trace of utopianism in Carroll's work, nor does Alice want to return home. Instead, it is a grim tale about a ten-year-old girl who basically tries to make sense out of the absurdity of life, in particular, of life in the Victorian world [...].[82]

VIRGINIA WOOLF bedachte Lewis Carroll in einem 1939 erschienen Essay mit folgenden Worten:

---

[78] ARIÉS 1977, S. 182.
[79] Vgl. WOOLF 2010, S. 3. s. auch: http://www.smithsonianmag.com/arts-culture/Lewis-Carrolls-Shifting-Reputation.html?c=y&page=3 [30.09.2012].
[80] Vgl. MARTIN 1988, S. 114.
[81] Vgl. ROBERTS 1988, S. 625f.
[82] ZIPES 2011, S. 294.

Whisps of childhood persist when the boy or the girl is a grown man or woman. Childhood returns sometimes by day, more often by night. But it was not so with Lewis Carroll. For some reason, we know not what, his childhood was sharply severed. It lodged in him whole and entire. He could not disperse it. And therefore as he grew older this impediment in the centre of his being, this hard block of pure childhood, starved the mature man of nourishment. He slipped through the grown-up world like a shadow, solidifying only on the beach at Eastbourne, with little girls whose frocks he pinned up with safety pins. But since childhood remained in him entire, he could do what no one else has ever been able to do – he could return to that world; he could recreate it, so that we too become children again.[83]

4.2 Entstehung und historischer Hintergrund der Alice-Bücher

Carrolls Texte werden der Nonsense-Literatur zugeordnet, die sich im 19. Jahrhundert herausbildete. Sie konnte als Kritik und Gegenbild des regelkonformen und strengen viktorianischen Zeitalters begriffen werden.[84] Obwohl „Carroll did not rebel against the intensely snobbish social structure within which he lived, […] he found many aspects of it stressful and tiresome".[85]

In *Alice im Wunderland* werden die strengen Regeln der Gesellschaftsordnung sichtbar gemacht, indem sie überzeichnet oder ins Gegenteil verkehrt werden. Beeinflusst wurde er nicht nur von den Märchen und von den Erzählungen Charles Dickens', sondern auch von den Naturbeschreibungen innerhalb der romantischen Literatur sowie von den Präraffeliten. Sie alle wendeten sich gegen die herrschende Klasse im Viktorianischen Zeitalter; sie kritisierten die aktuellen politischen und gesellschaftlichen Zustände und suchten in ihren Traumwelten nach neuen Formen des Zusammenlebens ohne Zwang und Regeln, die für sie so einschnürend waren wie ein Korsett.[86]

Über mehrere Jahre arbeitete Carroll an seinem Buch, das einer zufälligen Erzählung entsprang, die er der kleinen Alice Liddell am 04. Juli 1862 während einer Bootsfahrt vortrug. So notierte er in einem seiner Tagebücher zur Entstehung:

Um anzufangen, schickte ich meine Heldin in den Kaninchenbau, ohne die leiseste Ahnung, was danach passieren würde ([…]). Beim Aufschreiben fügte ich immer neue Ideen hinzu, die aus sich selbst erwuchsen und auf dem ursprünglichen Text aufbauten; und viele andere kamen hinzu, als ich den Text Jahre später noch einmal für die Veröffentlichung überarbeitete.[87]

---

[83] WOOLF 1971, S. 78f.
[84] Vgl. KLEINSPEHN 1997, S. 58.
[85] Vgl. WOOLF, S. 135.
[86] Vgl. KLEINSPEHN, S. 59–61.
[87] CARROLL, zitiert nach KLEINSPEHN 1997, S. 56f.

Alice's Adventures in Wonderland, anfangs noch *Alice's Adventures under Ground* genannt, wurde schließlich im Jahre 1865 vom Drucker Richard Clay gedruckt und vom Verlagshaus Macmillan veröffentlicht. Es wurde zu einem Klassiker der englischen Literatur.[88]

Alice im Wunderland handelt vordergründig von der siebenjährigen Alice, die sich in einem erträumten Wunderland gegen allerlei skurrile und wundersame Wesen behaupten muss. Wichtiger ist aber die Botschaft, die Carroll mit dieser Erzählung vermitteln wollte. Das Wunderland und dessen Bewohner symbolisieren und repräsentieren nämlich die Welt der Erwachsenen, deren absurd klingende Regeln und Normen, die verwirrend und konfus sind, dem Kind Alice fremd und unverständlich erscheinen.

Jede der Figuren, auf die Alice im Wunderland trifft, will ihr sinnlose Vorschriften machen, und jede davon scheint für ihre absonderlichen Handlungen ihre ganz eigenen Gesetze zu erfinden, um diese zu legitimieren. Die Figuren nutzen dabei eines der machtvollsten Instrumente, um Alice, die all dies hinterfragt, zum Schweigen zu bringen: die Sprache. Sie agieren ohne Rücksicht auf Verluste, sie sehen auf alle herab, die nicht nach ihren Regeln spielen, und wer es wagt, die Selbstlüge dahinter zu entlarven, wird mit Worten gar enthauptet und damit – ent*münd*igt. Für ein Kind erscheint diese Welt grausam, brutal und nicht zuletzt ungerecht.[89]

Wie man sieht, schonte Carroll seine Figuren und auch seine Leser nicht, schenkte ihnen dadurch jedoch auch jede Menge Freiheiten. Alice konnte in ihrem Wunderland frei agieren. Ihr war es erlaubt, ihren Träumen nachzuhängen und sich darin auszuleben, was den Kindern im viktorianischen Zeitalter selten gestattet war. Carroll vermied daher explizit, seinem Buch eine moralisierende Seite zu geben, wie es zu dieser Zeit üblich war. Damals enthielt nämlich jedes Buch ein belehrendes Schlusswort, welches die Kinder mahnen sollte, sich vor dem Handeln zu besinnen und Fehler nicht zu wiederholen. Dieses Schlusswort begann üblicherweise mit dem Satz: „Und die Moral von der Geschicht'..."", welche bei Vergessen sogar nachträglich eingefügt wurde. Dass diese Moralisierung bei Carrolls Erzählung also gänzlich fehlte, ist möglicherweise auch ein Grund für den großen Erfolg des Buches.[90]

---

[88] Erfunden wurde die Geschichte von der kleinen Alice angeblich an einem schwül-heißen Sommertag des 04. Juli 1862. Mittlerweile gibt es jedoch Zweifel an dieser offiziellen Version, denn nachgewiesenermaßen war das Wetter an diesem Tag eher kühl und unbeständig. Ob dieser Teil der Entstehungsgeschichte der Alice-Erzählungen also nur einen Mythos nähren sollte, ob die Bootsfahrt jemals stattgefunden hat oder ob Carroll lediglich seine Erinnerung trügte, darüber besteht bis heute Uneinigkeit. Vgl. GARDNER 2002, S. 9, Anmerkung 1.

[89] Vgl. LEACH 1971, S. 125f.

[90] Vgl. WOOLF 2010, S. 193.

By treating the world of lessons and governess with such playfulness, Lewis Carroll reduces it from the terrifying place it must sometimes have seemed to a manageable absurdity. In this way the Alice books strike as strong a blow against didactism and cramming [...].[91]

Und obwohl Carrolls Geschichte eine Glückseligkeit und Ausgelassenheit entwirft, die nur ein Kind erleben kann, „the eager enjoyment of Life that comes only in the happy hours of childhood, when all is new and fair, and when sin and sorrow are but names – empty words signifying nothing",[92] ist in den Büchern doch etwas Alptraumhaftes, fast Todesartiges zu spüren, das die Ängste nicht nur des Kindes wiedergibt, sondern auch die von Carroll selbst. Wenn Alice aus ihrem Traum erwacht, ist die Leere zu spüren, die Traurigkeit über die Rückkehr aus einem einerseits schönen, aber andererseits auch verwirrenden Land.[93] Die Rückkehr hat sie erwachsener werden lassen, aber dadurch ist auch ein Stück Kindheit in ihr gestorben.

Interessanterweise sah Carroll selbst nie in den Alice-Büchern das, was viele seiner Leser und Mitmenschen darin sahen, und er wunderte sich häufig über den Erfolg, wo ihm doch die meisten seiner anderen Werke viel mehr am Herzen lagen. Dies ging letztlich sogar so weit, dass er sich bis zum Ende seines Lebens weigerte, Auskünfte über die Symbolbedeutungen in seinen Büchern zu geben und es verbot, als Autor von *Alice im Wunderland* genannt zu werden.[94]

4.3 *Alice im Wunderland*: Das Märchen von der kindlichen Traumwelt

Für die weitere Analyse ist es unabdinglich, das Genre zu bestimmen, welchem *Alice im Wunderland* angehört. Dazu ist es notwendig, sich mit dem Begriff der Phantastik auseinanderzusetzen, die ein wichtiges Merkmal des Buches und auch der Verfilmungen ist. Der Begriff der Phantastik taucht erst seit den fünfziger Jahren in der Fachliteratur regelmäßig auf. TZVETAN TODOROV war einer der Ersten, der sich intensiv damit beschäftigte und in den 70er Jahren mit seinem Buch *Einführung in die phantastische Literatur* (1972) ein Grundlagenwerk über die Phantastik verfasste. Seiner „maximalistischen"[95] Definition nach umfasst die Phantastik die Science Fiction, das Märchen sowie Horror- und Schauergeschichten.[96] Jedoch zählt nicht alles, was phantastische Elemente enthält, auch zur Gattung der Phantastik. So wird unterschieden zwischen dem *Phantastischen als*

---

[91] AVERY 1971, S. 329.
[92] CARROLL, zitiert nach COVENEY 1971, S. 332.
[93] Vgl. COVENEY 1971, S. 334f.
[94] Vgl. WOOLF 2010, S. 297.
[95] Die meisten Definitionen über die Phantastik sind maximalistisch, d.h. sie sind sehr weitläufig gefasst und implizieren alle Erzählungen, die in irgendeiner Form phantastische Elemente enthalten. Vgl. RANK 2006, S. 15.
[96] Vgl. SPIEGEL 2010, S. 32.

Darstellungsmittel und dem *Phantastischen als Genrebegriff*. Dabei ist das Phantastische genau dann ein Darstellungsmittel, wenn Charaktere, Motive oder Handlung einer narrativen Geschichte dem „Unmöglichen" zuzurechnen sind, aber auch, wenn eine exakte Trennung von Möglichem und Unmöglichem nicht erfolgen kann. Zum Genre der Phantastik zählt erst dann ein Werk, wenn die phantastischen Elemente innerhalb der Geschichte dominieren, wie z.B. bei Traumhandlungen oder Fabeln der Fall.[97]

Alice im Wunderland kann gemäß dieser Definition zum Genre der Phantastik gezählt werden. „Phantastisches in einem eigenen ‚Raum' und / oder in einer eigenen ‚Zeit' konstituiert in der Regel eine ‚phantastische Welt' [...]."[98] Bei Alice tritt das Phantastische als Traumbild in Erscheinung. Das Mädchen sieht sich plötzlich in ihrer vermeintlichen Realität mit dem Phantastischen konfrontiert. So sieht auch TODOROVs Definition über die Phantastik aus: „In einer Welt, die durchaus die unsere ist, [...] geschieht ein Ereignis, das sich aus den Gesetzen eben dieser vertrauten Welt nicht erklären lässt."[99] Damit ist ein wichtiger Punkt aufgegriffen, denn die Gesetze der natürlichen Welt werden in Alices Wunderland außer Kraft gesetzt und somit zum fragwürdigen Objekt. Genau dieses Fragwürdige aber, dieses ungewisse Schwanken zwischen Traum und Realität, das bei *Alice im Wunderland* sowohl beim Leser / Zuschauer als auch bei dem Protagonisten der Geschichte zutage treten muss, definiert das Phantastische.[100]

Obgleich aufgrund der integrierten Traumhandlung eine eindeutige Zuordnung zu einem bestimmten Genre nicht getroffen werden kann bzw. in der wissenschaftlichen Diskussion Uneinigkeit darüber besteht[101], orientiert sich *Alice im Wunderland* dennoch stark an einem Sub-Genre des Phantastischen, nämlich der Gattung des Märchens, und hierbei mehr noch am Kunst- denn am Volksmärchen.[102]

Zum einen haben wir mit Lewis Carroll einen fassbaren Autor, wohingegen Volksmärchen als Überlieferungen zu betrachten sind, denen keine eindeutige Quelle zuzuordnen ist. Aus diesem übernimmt er charakteristische Merkmale, wie

---

[97] Vgl. RANK 2006, S. 12f.
[98] Ebd., S. 16.
[99] TODOROV 1972, S. 25.
[100] Besonders in den Verfilmungen wird am Ende nicht immer eine Auflösung geliefert und eine Zuordnung zum Einen oder zum Anderen wird dadurch erschwert. Vgl. ebd. 1972, S. 26–31.
[101] Vgl. SUSINA 2010, S. 25f.
[102] Vgl. dazu allgemein VOLKER KLOTZ' Abhandlung über Carrolls *Alice im Wunderland* in seinem Werk *Das europäische Kunstmärchen* (1987), S. 284–298. Auch Lewis Carroll selbst definierte seine Geschichte übrigens als Märchenerzählung, wie er in einem Brief an seinen Freund Tom Taylor unmissverständlich ausdrückte: „P.S. I should be very glad if you could help me in fixing on a name for my fairy-tale, which Mr Tenniel (as a consequence of your kind introduction) is now illustrating for me, and which I hope to get published before Xmas. The heroine spends an hour underground, and meets various birds, beasts, etc. (no fairies), endowed with speech." CARROLL 2011, S. 234.

zum Beispiel das Wachsen und Schrumpfen von Alice, die magischen Handlungen wie die Verwandlung[103] des Babys in ein Schwein, die sprechenden Tiere oder die magischen Symbole und Gegenstände wie den Schlüssel, der die Tür zum zauberhaften Garten öffnet. Weiterhin ist die kindliche Heldin, die Alice repräsentiert, und die in einem magischen Land verschiedene Abenteuer und Aufgaben bestehen muss, ein wesentlicher Bestandteil vieler Märchenerzählungen. Gleichwohl muss sie in ihrer Rolle als traditionelle Märchenheldin – und damit als Erlöserin – zwangsläufig scheitern. Während im Volksmärchen der einsame Held die gesamte Märchenwelt von Ungerechtigkeit und Missständen befreit und damit die gewohnte Ordnung wiederherstellt, kann Alice, trotz aller Versuche, nur sich selbst befreien.[104] Das Volksmärchen macht noch glauben an die Rettung aller durch den Einzelnen. „Carroll dagegen deutet an, wie der gute Wille des Einzelnen in der nämlichen Gesellschaft verpuffen muss."[105]

Aus dieser in Carrolls Geschichte enthaltenen Gesellschaftskritik, ebenso wie aus dem komplex gestalteten Weltbild, in dem auf die Stereotypisierung der Charaktere und eine klare Trennung zwischen Gut und Böse verzichtet wird, sowie der kunstvoll arrangierten Sprache, die sich besonders in den für Carroll so charakteristischen Wortspielen niederschlägt, ergibt sich eine weitere Gemeinsamkeit mit dem Kunstmärchen.[106]

Im Wunderland lebt jeder nach seinen eigenen Regeln und Gesetzen, und diese Anarchie spiegelt sich auch in der Strukturlosigkeit[107] der Erzählung wieder, bedingt sie gar und ist damit als Kunstgriff zu verstehen. Die Einbettung des Märchens in den Traum, der diese Art der narrativen Strukturlosigkeit ermöglicht, wird dadurch zur Voraussetzung für die Intention, die Carroll verfolgt. Alice bleibt somit eine „Märchen-Figur durch und im Traum."[108]

---

[103] Diese Verwandlungen sind jedoch nicht, wie im Volksmärchen, zweckgerichtet. Sie sind nicht als Strafe oder Fluch für unschickliches Verhalten zu werten und dienen daher keiner moralischen Belehrung. Sie treiben die Handlung nicht voran, werden nicht aufgelöst und verlieren damit ihre (für das Märchen eigentlich wichtige) Bedeutung. Keine der Verwandlungen erfolgt von außen, sondern sie bricht von innen aus den Figuren heraus. Erst dadurch entsteht im Prozess der Veränderung des eigenen Körpers die Frage nach dem Selbst. Vgl. KLOTZ 1987, S. 293f.
[104] Vgl. ebd., S. 292f.
[105] Ebd. 1987, S. 293.
[106] Vgl. NEUHAUS 2005, S. 9.
[107] Vgl. LEACH 1971, S. 122f. Diese Strukturlosigkeit kann laut Piaget mit dem symbolischen Denken im Traum erklärt werden, welches in gewisser Weise auch die Sprunghaftigkeit der kindlichen Denkweise widerspiegelt: „Auch dieses Kriterium kann man mit einer Bemerkung Freuds in Zusammenhang bringen, nach der das symbolische Denken nicht „gelenkt" wird, im Gegensatz zum logischen Denken, das immer einer systematischen Ausrichtung unterliegt. [...] Aber ein solches Kriterium, [...], ist wieder einmal auf die Assimilation zurückzuführen. Warum ist eine Träumerei oder ein symbolisches Spiel nicht „gelenkt", wenn nicht deshalb, weil die launigen Einfälle des Ich sich die Wirklichkeit assimilieren, statt daß die Wirklichkeit den Regeln gemäß durchdacht wird." PIAGET 1969, S. 192.
[108] KLOTZ 1987, S. 285.

All diese Punkte offenbaren, dass man *Alice im Wunderland* abschließend nicht als Traum, sondern grundsätzlich als Märchen betrachten sollte, wie auch SUSINA festhält:

> *Wonderland* should be read as a Victorian literary fairy tale for children. Carroll was familiar with the genre and composed *Wonderland* as such. Consistently in his letters and diary, Carroll referred to it as a fairy tale, meaning a literary fairy tale, such as the ones composed by Hans Christian Andersen, Kingsley, and George MacDonald.[109]

---

[109] SUSINA 2010, S. 26f.

5 Die Wandlung des Kindheitsbildes in ausgewählten Alice-Verfilmungen

„Die heutigen Kinder sind ganz offensichtlich die Kinder *ihrer* Zeit und *ihrer* Umwelt,
sie sind ihr entlarvendster Spiegel."[110]

Um die Alice-Verfilmungen nun im Kontext der sich entwickelnden Vorstellungen von Kindheit zu analysieren, sollen nicht nur die einzelnen Vorstellungen von Kindheit und die Gesellschaftsbedingungen der jeweiligen Zeit, in der die Filme entstanden, untersucht werden, sondern auch die technischen, künstlerischen und ästhetischen Mittel, die dabei eingesetzt wurden.

Zuvor stellt sich jedoch noch die Frage, ob sich, bezogen auf die Themenstellung, eher die Analyse der realistischen Rahmenhandlung eignet, in welche die Traumhandlung eingebettet ist, oder ob die Darstellung des Kindheitsbildes auch aus dem Traumerleben gezogen werden kann. Dazu muss man sagen, dass von allen vier Untersuchungsgegenständen lediglich Tim Burtons Verfilmung dem Zuschauer einen tieferen Einblick in Alices Leben außerhalb ihrer Traumwelt gewährt. Alle anderen Verfilmungen zeigen nur einen kurzen Ausschnitt ihres realen Lebens, d.h. davon, in welchem Umfeld sie aufwächst und wie sie selbst ihre Umwelt, ihre Familie und Mitmenschen erlebt.

Man könnte also behaupten, dass man ohne den Zugang zum realen Frame keinerlei wirkliche Rückschlüsse auf das im Film postulierte Kindheitsbild ziehen könnte, da wesentliche Bezugspunkte wie die Familie fehlen. Jedoch sagt gerade in dieser Geschichte das Traumgeschehen viel mehr über das Kindheitsbild aus als das reale, denn die Realität wird von dem Träumenden, hier also dem Kind Alice, so wie er es wahrnimmt, widergespiegelt. Dies erfolgt lediglich in einer symbolhafteren Sprache. Das Geschehen und die Charaktere können daher nicht anhand der tatsächlichen Vorkommnisse analysiert werden, sondern sie beruhen auf Symbolisierungen, die es zu entschlüsseln gilt. Dem Visuellem, dem, was man sieht, dem, was gezeigt wird, muss deshalb besondere Aufmerksamkeit zuteilwerden. Insofern bildet der Film das perfekte Medium für diese Art der Analyse.

5.1 Inszenierung der Idylle? Walt Disneys *Alice im Wunderland* (1951)

5.1.1 Walt Disneys idealistisches Weltbild und die Kritik an der „Disneyfizierung"

Disneyfilme sind mit dem Begriff der Kindheit eng verknüpft: Das utopische Bild der unbeschwerten, idealisierenden Kindheit ohne Hass und

---

[110] VON HENTIG 1977, S. 32.

gravierende Sorgen schuf Walt Disney in so gut wie jedem seiner Filme. Jahrzehntelang dominierte er den Märchen- Animations- und Kinderfilm, triumphierte mit seinen Adaptionen, schuf ein ganzes Imperium.

> The imperatives of success and mass culture always directed Disney's path. From his earliest days of his career, he repeatedly confessed the great passions of his life: he was in love with his work and in love with the idea of entertaining a mass audience. His meteoric rise in the 1920s and the early 1930s had made him a dynamic success story and a widely popular entertainer for millions of American consumers.[111]

Und so ist es auch nicht verwunderlich, dass fast jedes Kind der westlichen Welt seinen Namen kennt und liebt.[112] Das Erste, was Kinder sodann auch mit *Alice im Wunderland* verbinden, ist – zur Verärgerung vieler Kritiker und Pädagogen – der Disney-Film, und nicht das Buch.

> In fact, when it came to billing [...] Lewis Carroll's Alice became Walt Disney's Alice. [...] the egotism that insists on making another man's work your own through wanton tampering and by advertising claim is not an attractive form of egotism, however it is rationalized.[113]

Die Geschichte, die der Entstehung des Films zugrunde liegt, sollte jedoch mehrere Jahrzehnte umfassen. Bereits seit seinen Anfängen im Filmbusiness zeigte Disney Interesse an einer Adaption des Klassikers. So kam es, dass er im Jahre 1923 als noch relativ unbekannter Produzent einen Kurzfilm mit dem Titel *Alice's Wonderland* produzierte, der sich aber nur grob an Lewis Carrolls Vorlage hielt. Dort fand sich ein reales Mädchen namens Alice plötzlich in einer Zeichentrickwelt wieder und traf dabei auf viele animierte Figuren.[114] Mit diesem Film ging Disney nach Los Angeles und er sollte ihm den Grundstein für seine spätere Karriere legen. Darauf aufbauend nämlich bekam er in Hollywood schließlich einen Vertrag, und die *Alice-Comedies*[115] (1923–24) entstanden, eine Comic-Serie mit zwölf Episoden, die er zunächst allein herstellte, bevor der Erfolg der Serie und der damit einhergehende Arbeitsaufwand ihn dazu zwang, Mitarbeiter zu rekrutieren, die ihn bei der Umsetzung unterstützten. Damit war Disneys zukünftige Karriere besiegelt.[116]

Obwohl Disney zu Beginn noch eine Realverfilmung des Alice-Buchs anstrebte, entschied er sich letztlich doch für eine vollständig animierte Verfilmung,

---

[111] WATTS zitiert nach WASKO 2001, S. 14.
[112] Vgl. WASKO 2001, S. 222–224.
[113] SCHICKEL zitiert nach ZIPES 2011, S. 16
[114] Vgl. GREENE 2001, S. 23–25.
[115] In den *Alice-Comedies* verwendete Walt Disney erstmals vermenschlichte Tiere, die für seine späteren Arbeiten wichtig wurden. Der Ursprung sprechender Tiere in der Kunst ist vor allem in Fabeln seit der Antike, aber auch in Zeichnungen zu finden. John Tenniel, der Illustrator der *Alice*-Bücher, wurde z.B. von den Bildern von Jean Ignace-Isidore Gérard, für wiederum seine Illustrationen und Entwürfe der Alice-Bücher inspiriert und beeinflusst. Vgl. ALLEN, S. 38.
[116] Vgl. LAMBERT 2008, S. 31.

die er schon 1930 im Auge hatte.[117] Walt Disney nutzte dabei ganz gezielt Elemente in seinem Zeichentrickfilm, die Kinder am meisten begeistern und ansprechen. Durch künstliche Überzeichnung der Geräusche bei Slapstick-Szenen werden bestimmte, komische Handlungen verstärkt und erregen dadurch die Aufmerksamkeit des Kindes. Auffällig ist zudem, dass die gesamte Handlung fast durchgehend mit Musik untermalt wird, die alle Stimmungen der Protagonisten einfängt und damit deren emotionalen Gemütszustand unterstreicht. Auch die animierten Tiere erwecken in ihrer Drolligkeit bei Kindern ein besonderes Interesse.[118]

Der Film, der am 26. Juli 1951 seine Uraufführung feierte, wurde allerdings ein großer Misserfolg. Und auch Disney selbst war unzufrieden.

> *"Alice* has no heart", Walt told Culhane. "That's the problem. You know, I never really wanted to make it. I never warmed to it, but my associates assured me it was the perfect picture for our medium. I was right. The humor is too intellectual. I like a picture that hits you over the heart. Without heart, I don't think anthing's good or can last. And with every laugh there should be a tear. I believe in that."[119]

Erst in den 70er Jahren erreichte der Film schließlich den Kultstatus[120], den er bis heute innehat.

Mit dem Erfolg Disneys wuchs jedoch auch die Kritik an ihm. Die angebliche Amerikanisierung bzw. sogenannte „Disneyfizierung" von kulturellen Texten bleibt in der Auseinandersetzung mit den Filmen Disneys ein kritisches Thema und wird seither stets als Argument gegen ihn angebracht. Der renommierte Märchenforscher JACK ZIPES zum Beispiel kritisiert in seinem Buch *The Enchanted Screen* (2011) Walt Disney auf massive Weise als oberflächlich, manipulativ, geldgierig und kulturzerstörend und begründet dies vor allem mit der Verniedlichung traditioneller, europäischer Märchen.[121]

---

[117] Die Arbeit an dem Film sollte sich als schwierig gestalten, da Carrolls Werk aufgrund der britischen Sprachkomik sperrig war und keine klassische Erzählstruktur aufwies. Es dauerte Jahre, bis der Film fertiggestellt wurde. Disney wurde daher am Ende vorgeworfen, der Film wäre nur eine lose Aneinanderreihung von Episoden, stelle aber keine in sich schlüssige Geschichte dar. Vgl. GIRVEAU 2008, S. 54.
[118] Vgl. BOOKER 2010, S. 2.
[119] GREENE 2001, S. 96.
[120] Vgl. GIRVEAU 2008, S. 61, Anmerkung 7. So komponierte Jefferson Airplane einen Song mit dem Titel *Alice*, dessen psychedelisches Video zu einer Zeit, in der viel mit Drogen experimentiert wurde, passte.
[121] ZIPES ist jedoch auch der Überzeugung, dass die Machtstellung der Disney Company in Zukunft von anderen Filmemachern untergraben werden wird, u.a. von Tim Burton und Jan Švankmajer, die beide als Animationsfilmer arbeiten und eher ein düsteres, die Welt anklagendes Bild kreieren. Vgl. ZIPES 2011, S. 17. Švankmajer selbst äußerte sich einmal kritisch zu den Disneyfilmen. Er vertrat dabei die Meinung, dass viele Kinder und Erwachsene kein tieferes Interesse an anderer Kunst fernab von Disney entwickeln könnten, wenn sie zu viel davon sahen. Vgl. ZIPES 2011, S. 25. Wortwörtlich sagte ŠVANKMAJER: "Disney is among the greatest makers of 'art for children.' I have always held that no special art for children simply exists, and what

All the major, animated feature-length Disney fairy-tale films – [...] – follow conventional principles of technical and aesthetic organization to celebrate stereotypical gender and power relations and to foster a world view of harmony. The images, words, music, and movement lead to a totalize spectacle that basically glorifies how technology can be used to aestheticize social and political relations according to the dominant mode of production and ruling groups that entertain a public spectatorship through diversion and are entertained themselves by a monologue of self-praise.[122]

Will man sich der Kritik stellen, gilt es, die Hintergründe zu beleuchten und Disneys Vorstellungen zu erklären. Die von Disney erzeugte, oft kritisierte Harmonie seiner Filme hängt hauptsächlich mit der Großen Depression der 30er Jahre und der Kriegs- und Nachkriegszeit zusammen, in der viele vermehrt nach einer Möglichkeit des Eskapismus aus ihrem tristen Alltag verlangten. „In the mid-thirties cartoons, the backgrounds tended to be more paradisal. No matter how bad matters got, the world looked friendly, even hallowed, with an obvious message that could not be changed."[123]

In *Alice im Wunderland* gibt es beispielsweise eine Szene, die geradezu bezeichnend dafür ist. In besagter Szene fällt Alice durch das Kaninchenloch, und während ihres langen, schwerelosen Falls gleitet sie an diversen magischen Gegenständen vorbei, deren Formen surrealistisch verzerrt sind. Gleichzeitig wird das Geschehen in abwechselnd farbiges Licht getaucht. Alice kommentiert dies mit den Worten: „Und da sagen die Leute, dass es keine Wunder mehr gibt."[124] Diese Aussage könnte man auch auf die damalige, gesellschaftliche Situation übertragen. Die Menschen resignierten nach dem zweiten Weltkrieg und waren lange Zeit nicht in der Lage, das Wunderbare ihrer Welt wieder für sich zu entdecken. Walt Disney gab ihnen, was sie verlangten.

Diese paradiesischen Zustände konnte Disney besonders durch die Auswahl seiner Stoffe, nämlich den Märchenerzählungen, leichter erzeugen, da in ihnen das „Happy End" strukturell bereits festgelegt war. Vor allem die europäischen Märchen waren für Disney der wichtigste Anknüpfpunkt für seine Kurz- und Langfilme, denn sie besaßen eine für jeden leicht zu verstehende Moral, klare Charaktere und ein idealistisches Weltbild von Gut und Böse, welches das Naturell des Menschen in seiner reinsten Form widerspiegelte.[125]

---

passes for it embodies either the birch (discipline) or lucre (profit). 'Art for children' is dangerous in that it shares either in the taming of the child's soul or the bringing up of consumers of mass culture. I am afraid a child reared on current Disney produce will find it difficult to get used to more sophisticated kinds of art, and will assume his/her place in the ranks of viewers of idiotic television serials." ŠVANKMAJER zitiert nach HAMES 2001, S. 26–28.
[122] ZIPES 2011, S. 23.
[123] KLEIN zitiert nach ZIPES 2011, S. 70.
[124] WALT DISNEY PICTURES 1951, TC: [00:05:52].
[125] Vgl. GIRVEAU 2008, S.53.

Alles in allem kann man sagen, dass die Filme Disneys laut ihm selbst nicht nur für Kinder gedacht sind, sondern auch oder vor allem für Erwachsene, die ihre kindliche und unschuldige Seite in sich wiederentdecken wollen.[126] Sie zeugen von einer Sehnsucht nach der Unbeschwertheit der Kindheit, die Disney selbst nie wirklich hatte.

5.1.2 Alices unschuldige Naivität oder Die Wiederbelebung des romantischen Kindheitsbildes

„Kennst du das Wunderland? Als Kind hast du es doch gekannt. [...] Die gold'ne Zeit, sie liegt so weit. [...] Alice, nimm meine Hand. Führ heute mich ins Wunderland. [...] Es war einmal..."[127] So beginnt das Titellied zu *Alice im Wunderland*. Es beschwört vergangene Zeiten herauf und spricht damit vor allem die Erwachsenen an, die von Alice in eine unbeschwerte, schöne Kindheit zurückgeführt werden sollen. Der Text sagt weiterhin aus, dass die Erwachsenen sich nicht mehr an ihre Zeit als Kind erinnern können, dass sie vergessen haben, Kind zu sein. Die Zeit liegt schon zu weit zurück und die harte Realität lässt keinen Platz mehr für Phantasie und Träume. Das Lied ruft dazu auf, sich davon zu befreien und Alice noch einmal ins Wunderland zu folgen. Das „Es war einmal" klingt dabei nicht nur märchenhaft, sondern verdeutlicht auch, wie schön die Kindheit gewesen ist, wie rein und unschuldig und sorglos. Der Wunsch eines jeden muss es sein, wieder Kind sein zu dürfen, so die Aussage.

Wenn nun in diesem Abschnitt von Unschuld und Naivität die Rede ist, so meint dies nicht Unschuld im Sinne von sexueller Unschuld, und nicht Naivität im Sinne von kindlicher Unwissenheit oder gar Dummheit. Die Wörter „Unschuld" und „Naivität" sind im Sinne SCHILLERs zu verstehen, der Naivität folgendermaßen definiert:

> Wenn ein Vater seinem Kinde erzählt, daß dieser oder jener Mann vor Armuth verschmachte, und das Kind hingeht und dem armen Mann seines Vaters Geldbörse zuträgt, so ist diese Handlung naiv; denn die gesunde Natur handelte aus dem Kinde, und in einer Welt, wo die gesunde Natur herrschte, würde es vollkommen recht gehabt haben, so zu verfahren. [...] Die Handlung des Kindes ist also eine Beschämung der wirklichen Welt, und das gesteht auch unser Herz durch das Wohlgefallen, welches es über jene Handlung empfindet. [...] Das Naive der Denkart kann daher niemals eine Eigenschaft verdorbener Menschen sein, sondern nur Kindern und kindlich gesinnten Menschen zukommen. Diese Letztern handeln und denken oft mitten unter den gekünstelten Verhältnissen der großen Welt naiv; sie vergessen aus eigener schöner Menschlichkeit, daß sie es mit einer verderbten Welt zu thun haben, und betragen sich selbst an den Höfen der Könige mit einer Ingenuität und Unschuld, wie man sie nur in einer Schäferwelt findet.[128]

[126] Vgl. WASKO 2001, S. 118.
[127] WALT DISNEY PICTURES 1951, TC: [00:00:16].
[128] SCHILLER 1838, S. 177f.

Die kindliche Unschuld und Naivität beziehen sich also vielmehr auf die angeborene, innere Reinheit des Kindes, welche Disney sowohl gestalterisch als auch narrativ zum Ausdruck bringt.

So fällt als allererstes die Darstellung von Alice selbst ins Auge. Um die Unschuld des Kindes und der Geschichte auch äußerlich zu bewahren, betont Walt Disney bei ihr das Kindchenschema[129], für das alle seine Filme bekannt sind. Alice erscheint dadurch als idealtypisches Mädchen: Blond, pausbäckig, mit großen, fragenden Augen und einer Stupsnase ausgezeichnet, weckt sie vornehmlich positive Assoziationen.

Vorbild für die Figur der Alice waren Tenniels Zeichnungen, die im Sinne der Romantik entstanden, und jahrzehntelang und sogar bis heute das Bild, das Leser von Alice haben, beeinflussten. Seine verniedlichten Darstellungen wurden auch von anderen Zeichnern und Filmemachern zur Inspiration herangezogen, aber besonders Disney nahm sich dem an und verstärkte den Aspekt der Verniedlichung noch. Auf diese Weise entstand eine Alice, die nur noch wenig von der Sozialkritik überliefern konnte, die Carrolls grausam-schöne Traumwelt ursprünglich abbildete.[130] Ihr puppenhaftes, niedliches Aussehen in Kombination mit ihrem kindlich-naiven, geschwätzigen und übersprudelndem Wesen untergräbt die Ernsthaftigkeit von Carrolls literarischer Alice-Figur. Hier bereits setzt die Bagatellisierung des nachfolgenden Geschehens ein, da infolge der Verniedlichung jegliches Verhalten legitimiert und damit entschuldbar gemacht wird.

Zu Beginn des Films scheint Alice sodann auch keine größeren Sorgen und Nöte zu kennen als die, dass sie sich lieber in ein noch idyllischeres und noch schöneres Land wünscht, als es ihr bereits gegeben ist, ein Land, in dem sie, wie sie selbst sagt, mit Tieren sprechen können möchte. Betrachtet man ihr realistisches Umfeld, kann man sich diesen Wunsch jedoch kaum erklären, da dieses, aufgrund der Farbgestaltung und der Untermalung mit sanfter, romantischer Musik, selbst schon viel zu paradiesisch und traumhaft erscheint. Sogar Alices Katze weist im realen Frame – bis auf die Tatsache, dass sie nicht sprechen kann – menschliche Züge auf. Sie reagiert auf Alices Worte mit menschlichen Gesten wie einem Kopfschütteln, scheint also ganz offensichtlich zu verstehen, was diese ihr mitteilt.

Als besondere Charakteristika des Mädchens sind ihre Verträumtheit und Phantasietätigkeit auszumachen. Wie weit sie bereits in ihre Traumwelt versunken

---

[129] Der Verhaltensforscher KONRAD LORENZ (1903 – 1989) prägte den Begriff „Kindchenschema" in seinem 1943 erschienen Aufsatz *Die angeborenen Formen möglicher Erfahrung*, in welchem er beschreibt, wie eine bestimmte Kombination äußerer Merkmale positive Gefühlsregungen wie Zuneigung oder den Wunsch nach Pflege erwecken können. Vgl. dazu LORENZ 1943, S. 235–409.

[130] Vgl. KLEINSPEHN 1997, S. 77.

ist, zeigt sich gleichsam in der Anfangsszene: Die Schwester wird von der besinn-
lichen, atmosphärischen Musik, die aus dem Hintergrund erklingt, fast übertönt.
Ihre Stimme ist nur wie aus weiter Ferne wahrzunehmen und zeigt damit Alices
gedankliche Abwesenheit und die Vorankündigung ihrer inneren Reise in eine
andere Welt. Dadurch wird zugleich auf die Trennung der Welten von Kind und
Erwachsener bzw. von Mädchen und Frau hingewiesen. Während die Welt des
Mädchens im Disney-Film allgemein positiv besetzt ist und als Ideal angepriesen
wird, werden zumindest in der Alice-Verfilmung die Frauenfiguren (in Form der
rational denkenden und damit für Kinder „langweilig" erscheinenden Schwester,
sowie der cholerisch nach Einhaltung der Regeln verlangenden Herz-Königin)
eher negativ dargestellt.[131] „[…] it is implied that only little girls (as opposed to
grown woman) go on adventures, and that little girls are still in possession of their
imaginations."[132]

Alices Wahrnehmung der Welt unterscheidet sich noch gänzlich von der der
Erwachsenen, womit wiederum der Unschuld des Kindes Genüge getan wurde.
Kinder sind gemeinhin von allem, was sie umgibt, fasziniert und hegen keine
Vorbehalte dagegen. Sie können ihre Handlungen und die Folgen, die diese nach
sich ziehen könnten, noch nicht abschätzen. Insofern handeln sie häufig, ohne
nachzudenken und lassen sich stets von dem Wunsch und dem Gefühl leiten,
alles entdecken zu wollen. Dadurch überschreiten sie aber zumeist die Regeln und
Gesetze der Erwachsenen, was bei Kindern häufig zu einem inneren Konflikt
führt.

Bei Alice lässt sich dies sehr schön an dem Gegensatz zwischen Denken und
Handeln festmachen. So wiederholt sie während ihrer Reise durch das Wunder-
land häufig die Regeln der Erwachsenen, zitiert Eltern oder Schwester, handelt
aber dennoch genau entgegengesetzt. Als sie zum Beispiel die „Trink-Mich"-
Flasche entdeckt, mahnt sie sich noch selbst: „Wenn man nascht, dann ist es sehr
leicht möglich, dass man fürchterlich dafür zu büßen hat",[133] bevor sie im selben
Augenblick bereits daraus trinkt. Die Neugierde des Kindes ist hier größer als ein
Regelsatz, den sie zwar wiederholt, der für sie aber keinerlei Sinn ergibt, da, wie
Piaget erläutert, noch das moralische Bewusstsein fehlt. „Merkwürdigerweise
neigen die Kleinen bis zum Alter von etwa 10 oder 11 Jahren fast einmütig dazu,
die Regeln für heilig und unantastbar zu halten, obwohl sie sie in Wirklichkeit
schlecht anwenden."[134]

---

[131] Vgl. DAVIS 2006, S. 105.
[132] Ebd., S. 105.
[133] WALT DISNEY PICTURES 1951, TC: [00:08:07].
[134] PIAGET 1986, S. 109f.

Dennoch wird der moralische Grundsatz, den Alice selbst zitiert, als sie durch den Kaninchenbau kriecht: „Neugier bestraft sich selbst!"[135], im Film stetig wiederholt und aufgegriffen. Am deutlichsten wird dies, als Alice auf Dideldum und Dideldei trifft, die ihr die Geschichte von den neugierigen Austern erzählen, welche letztlich aufgrund eben ihrer Neugierde gefressen werden. Diese Geschichte ist daher als Mahnschild für Alice und alle anderen Kinder zu verstehen und bestätigt Disneys ideologische Ansichten: „The messages that Disney now began to communicate in his fairy-tale films are as follows: don't take your risks, don't be curious, know your place in the order of things, and don't wander far from home."[136]

Deshalb verwundert es auch nicht, dass Alice trotz ihrer kleinen Regelverstöße im gesamten Handlungsverlauf ein höfliches und anständiges Mädchen bleibt. Sie spricht z.B. alle Figuren mit „Mein Herr" oder „Eure Majestät" an, sagt „Bitte" und „Danke" und entschuldigt sich für alle Unannehmlichkeiten, die durch sie entstehen. Diese Wohlerzogenheit zeugt von guter Erziehung, lässt Alice aber nicht besonders rebellisch, sondern brav, angepasst und folgsam erscheinen, und entspricht damit zumindest nach BERKELHAMMER / ANDERSON ganz dem viktorianischen Ideal. „However, Alice is the ideal image of a young lady who does what she is told. Additionally, neither women nor little girls were allowed to be bold, courageous or strong willed. Instead, Alice is the epitome of a Victorian girl."[137]

DEBORAH ROSS kritisiert nun an diesem naiv-unschuldigen Kindheits- und Mädchenbild, das Disney kreiert, dass es im Gegensatz zur eigentlich Intention des Buches steht. Lewis Carroll hatte ursprünglich eine Heldin erschaffen, die am Ende ihrer Reise die Stärke und Weisheit erlangt, die sie benötigt, um sich gegen die Herzkönigin und ihre Gefolgschaft durchzusetzen. Diese Alice nimmt ihr eigenes Schicksal ganz aktiv selbst in die Hand. Damit ermutigte Carroll junge Mädchen dazu, zu träumen und sich ihrer eigenen Stärken bewusst zu werden.[138] Dadurch, dass Alice im Film ihre Situation kaum kritisch hinterfragt, sondern sich vielmehr in ihre zugeschriebene Rolle des unwissenden Kindes fügt, überlässt sie jedoch den Erwachsenen die Macht.

In *Alice im Wunderland* fehlen sodann ganz bewusst auch (filmisch) echte Gefahrenmomente, denen sich das Kind ausgesetzt fühlen könnte. „[…]'wild things and wild behaviour were often made comprehensible by converting them into cuteness, mystery was explained with a joke, and terror was resolved by a musical

---

[135] WALT DISNEY PICTURES 1951, TC: [00:05:35].
[136] ZIPES 2006, S. 202.
[137] BERKELHAMMER / ANDERSON 2010, S.3.
[138] Vgl. ROSS 2000, S. 214.

cue or a discreet averting of the camera's eye from the natural processes."[139] Disney wollte auf diese Weise vermutlich die Unschuld des Kindes bewahren, es vor dem Erwachsenwerden schützen. Jedoch verhindert diese Sicht auf die Kindheit eine Weiterentwicklung des Kindes, da es auf diese Weise nie lernt, eigenständig Probleme zu bewältigen.

5.1.3 Die Natur als Handlungsort der Kindheit

In Walt Disneys Filmen nimmt besonders die Natur einen wichtigen Stellenwert ein.[140] Die Verbindung, die oftmals zwischen Natur und Kind sowie zwischen Tier und Kind gezogen wird, rückt es in die Nähe des Ursprünglichen, und grenzt es von der restlichen Gesellschaft, von deren Korruption und Unmoral ab. Dadurch wird der Gegensatz zwischen unschuldigem Kind und schuldbeladener Gesellschaft noch weiter verschärft.[141]

Kinder gehören in die Natur, weil die Natur ihr Gemüt am besten widerspiegelt. Sie ist genauso wild und frei und lebendig und schön wie das Wesen eines unschuldigen, vom Leben noch nicht gezeichneten Kindes. In ihr werden die Projektionen der Phantasie lebendig. Fast scheint es, als wären die Kinder die einzigen, die noch der Faszination der Entstehung irdischen Lebens erlegen sind, welche der Frühling verkörpert. Der Sommer steht für die Blüte des Lebens, für den Höhepunkt an Kraft, in dem die Natur zu ihrer vollen Entfaltung kommt. Aus diesem Grund setzt die Handlung in den Disneyfilmen häufig im Frühling und Sommer an.

Auch bei *Alice im Wunderland* setzt die Handlung zu dieser Jahreszeit ein und beginnt mit einer Panorama-Einstellung, welche die malerische, in hellen und satten Farben gezeichnete Landschaft zeigt. Es ist Sommer, die Blumen blühen, die Vögel zwitschern und Schmetterlinge schwirren umher. Unterstrichen wird diese Idylle durch den Einsatz romantischer Streicher-Musik. Alice spielt auf den Bäumen und in den Blumenwiesen mit ihrem Kätzchen, sie plantscht im Wasser herum: Sie ist hier eindeutig ein Teil der Natur.

Disneys idyllische Wunderwelt, die grünen Landschaften und bunten Blumen, erinnern ein wenig an die Kindheitsgemälde des 18. Jahrhunderts. Dort finden sich im Laufe der Zeit Kinder verstärkt vor dem Hintergrund großer Gärten und grüner Landschaften wieder, was ein Zeichen für den Wandel des damaligen Kindheitsbilds darstellte. Man rückte auf diese Weise das Kind vermehrt in die

---

[139] SCHICKEL zitiert nach WELLS 2002, S. 23.
[140] Dies ist auf seine Kindheit zurückzuführen, die er auf einer Farm in Chicago verbrachte. Das ungestörte, idyllische Leben dort in der Natur prägte ihn und seine Filme maßgeblich. Vgl. THOMAS 1976, S. 26–32.
[141] Vgl. DECORDOVA 1994, S. 211.

Natur, sah es nicht mehr nur als Personifizierung alles Schlechten, Animalischen und Ungezogenen an, sondern erkannte, dass das natürliche Kind, wie die Natur, etwas Reines besitzt, und dass es nur durch äußere Einflüsse zu einem schlechten Menschen erzogen werden kann. ROUSSEAU war einer der ersten, der diese Ansichten vertrat und er beeinflusste damit das Kindheitsbild grundlegend.[142]

Untersucht man die Alice-Verfilmung von Walt Disney diesbezüglich genauer, fällt zudem auf, dass sich dieser nicht nur von den Illustratoren Tenniel und Rackham, sondern auch von vielen anderen viktorianischen Künstlern inspirieren ließ. So dienten u.a. John Anster Fitzgeralds (1832–1906) Bild der Szene aus *Ein Sommernachtstraum* sowie Gérards (1803–1847) *Les Fleurs animées* als Vorlage für seine Blumenszene.[143] Sogar Salvador Dali, der kurz vor der Veröffentlichung des Films noch an einem Projekt mit Walt Disney arbeitete, das allerdings nie fertiggestellt wurde, nahm sichtlich Einfluss auf die spätere Filmfassung.[144]

Gestalterisch nutzte Disney detailgetreue und farbenreiche Darstellungen von Natur und Figuren, um ein idyllisches, verklärtes Traumland zu erschaffen, wie es auch häufig in der Romantik vorkam. Seinem sentimentalen Wunsch und Streben nach traditionellen Werten konnte auf diese Weise Ausdruck verliehen werden.[145] Mit dem Einsatz des High-Key-Stils[146], also der bewussten Verwendung heller und leuchtender Farben, und der Arbeit mit Weichzeichnern wurde eine herzerwärmende Atmosphäre geschaffen, die ein positiveres Bild der Welt erzeugen sollte. „Disney wants the world *cleaned up*, and the pastel color with their sharply drawn ink lines create images of cleanliness, just as each sequence reflects a clearly conceived and preordained destiny for all the characters in the film."[147]

Für die künstlerische Gestaltung engagierte Disney zunächst David Hall, dessen Zeichnungen wie Traumgebilde wirkten. Er zeigte Disney im Jahre 1940 seine Entwürfe, die diesem sichtlich gefielen. Jedoch musste das Projekt aufgrund finanzieller Schwierigkeiten verschoben werden und Hall sprang ab. Am Ende übernahm Mary Blair die Gestaltung und entwickelte surrealistisch anmutende Vorlagen.[148]

Im Vergleich erscheinen die Arbeiten von Hall sehr viel detaillierter, düsterer und plastischer. Sie zeugen von Halls tiefer Imaginationsfähigkeit, sie dringen tiefer ein in die Psyche der Alice, ihre Ängste und ihr Staunen über die Welt. Es sind keine naiv-fröhlichen Zeichnungen, sondern sie sind angefüllt mit wundersamen Gestalten und Formen, inmitten derer Alice fast verloren scheint, in denen

---

[142] Vgl. NEUMEISTER 2007, S. 15f.
[143] Vgl. DIEDEREN / GIRVEAU 2008, S. 236–245.
[144] MANNING zitiert nach BROOKER 2005, S. 207.
[145] Vgl. ALLEN 2008, S. 38.
[146] Vgl. GAST 1993, S. 32f.
[147] ZIPES 2006, S. 206.
[148] Vgl. ALLEN 2008, S. 50

sie unterzugehen droht. Blairs Figuren hingegen sind eher eindimensional. Sie besitzen keine räumliche Tiefe. Dafür sind sie aber sehr viel farbenfroher, skurriler und leuchtender. Sie könnten von einem Kind selbst stammen. Mary Blair legte keinen Wert auf realistische Darstellungen, sondern mehr auf die Farbgebung und das Groteske, das sie vermitteln wollte. Sie spielte mit den Formen, verdrehte sie ins Gegenteil und erschuf so eine ganz eigene Traumwelt. Damit kam sie dem surrealistischen Traum allerdings auch näher als beispielsweise Hall.

Ebenfalls auffällig in Disneys Filmen ist die Hingezogenheit zu den in der Natur lebenden, mit ihr verbundenen Wesen, nämlich den Tieren. Bei *Alice im Wunderland* gibt es gleich mehrere sprechende Tiere, auf die sie trifft. Zwar gibt Carroll mit seinem Werk das Auftreten sprechender Tier vor, doch war es stets das Markenzeichen des Walt Disney, sprechende Tiere in all seinen Comics, Serien und Filmen, die er produzierte, auftauchen und sie gar zu den Protagonisten seiner Geschichte machen zu lassen. Dabei können sie, wie in den Fabeln auch, wie Menschen denken und agieren, sind aber dennoch eingeschränkt durch ihr tierisches Äußeres. Disney verweist damit auf das animistische Wesen von Kindern:

> Children feel at home with animals conceived as human; the animal can be made affectionate without its making serious emotional demands on them, does not want to educate them, is at least unconventional in the sense that it does not impose its conventions, and does not make a secret of the processes of nature. So the talking animals here are a child-world; [...].[149]

Nach dem Dichter und Literaturkritiker WILLIAM EMPSON, der in seinem Essay *The Child as Swain* (1935) Carrolls Werk analysiert, agieren die Tierwesen aus dem Wunderland jedoch ganz entgegen der ihnen zugewiesenen „gütigen" Verhaltensweisen. Alice gegenüber treten sie besserwisserisch, stur und belehrend auf, was einerseits ihre kindliche, alberne Seite verdeutlicht, andererseits aber nehmen sie aufgrund ihres starren Festhaltens an Regeln, deren Sinn sich nicht fassen lässt, sowie aufgrund ihres abstrakten Denkens, das völlig im Gegensatz zu Alices eigener Handlungs- und Motivationsweise steht, den Standpunkt des Erwachsenen ein.[150]

Insgesamt aber unterstützt die Darstellung der Natur als verklärt-romantisches Bild das von Disney erzeugte Bild des Kindes, dessen innere Natur und Schönheit sich in seiner äußeren Umgebung widerspiegelt.

---

[149] EMPSON 1971, S. 410.
[150] Vgl. ebd., S. 410f.

5.1.4 Zuhaus' ist es doch am schönsten – Traditionsbewusstsein bei *Alice im Wunderland*

Zu Beginn des Films träumt Alice von ihrem Wunderland, in dem laut ihr alles besser ist. Doch im Wunderland angekommen, sieht sich Alice mit einer Vielzahl unhöflicher, vorlauter und besserwisserischer Kreaturen konfrontiert. Der Bruch mit der Idylle lässt sich besonders an einer Szene verdeutlichen, nämlich in der, als Alice in geschrumpfter Version zu einer großen Blumenwiese gelangt. Nach all den Strapazen ihrer bisherigen Reise, hofft sie, hier endlich Freunde zu finden, die sich ihrer annehmen. Sie ist sofort begeistert von den vielen farbenfrohen und fröhlich aussehenden Blumen, die sie freundlich begrüßen, indem sie ihr ein Lied vorsingen. „Wir haben dich so gern"[151] ist die Aussage darin, die sich stetig wiederholt. Es herrscht allumfassende Harmonie. Die Stimmung ist verzaubert und idyllisch. Alice fühlt sich so geborgen und angenommen, dass sie gar selbst in das Lied mit einstimmt.

Doch als Alice nach der Vorstellung gefragt wird, um welche Blumenart es sich bei ihr selbst denn handele und sie sich als Mensch zu erkennen gibt, zeigen die Blumen ihr wahres Gesicht. Sie verstoßen Alice aus ihrem Paradies, sind hämisch, verlachen sie und überschütten sie mit Wasser. Sie offenbaren sich damit als intolerant. Sie akzeptieren nichts Andersartiges.

Die augenscheinliche Idylle wird hier als Lüge entlarvt. Das Wunderland ist nicht schön, sondern kann auch eine Bedrohung sein. Die äußere Fassade, das Schöne, kann in die Irre führen. Dies ist eine der schmerzhaften Lektionen, die das naiv-zutrauliche Mädchen im Wunderland lernen muss. Es ist eine Reise durch die Boshaftigkeit der Gesellschaft und der Erwachsenenwelt. Alle Härte des Erwachsenseins strömt im Wunderland auf Alice ein. Die schöne Maske entpuppt sich als Fratze.

> Die Disney-Version von Alice im Wunderland (1951) wird Carrolls trügerischer Beschaulichkeit zwar nicht ganz gerecht, gewinnt aber durch die Beigabe von Vaudeville-Elementen, die man am ehesten als „hektisch amerikanisch" beschreiben kann. Wo Carroll einen leisen Surrealismus entfaltet, wird Disney bombastisch bis anarchisch, was dann aber wieder auf eine ganz eigene Weise zu Carrolls bedrohlicher Idylle zurückkehrt.[152]

Hier beginnt bereits der Wunsch Alices, nach Hause zurückzukehren, da sie sich nicht zugehörig fühlt. In Carrolls Version besteht kein Zweifel darüber, dass Alice zu diesem Wunderland, welches sie immerhin selbst geschaffen hat, gehört und ebenso verrückt ist wie alle anderen Wesen, die darin leben. „I'm mad. You're mad",[153] lautet das unmissverständliche Urteil der Tigerkatze im Buch. In

---

[151] WALT DISNEY PICTURES 1951, TC: [00:28:34].
[152] ALLEN 2008, S. 44.
[153] CARROLL 2011, S. 109.

Disneys Version fehlt diese Passage allerdings, und auch sonst lassen sich nirgendwo Hinweise finden, die darauf hindeuten, dass Alice ein Teil des Wunderlandes sein könnte. Es wird sogar das Gegenteil propagiert: Alice gehört nicht dazu – wie bereits anhand der Blumenszene verdeutlicht. Sie ist (und bleibt) eine Außenseiterin.[154]

Besonders stark erlebt man die Sehnsucht nach ihrem geliebten Zuhause dann schließlich, als sie sich im düsteren Tulgey Wald verirrt und die Nacht hereinbricht. Hier kommt es zu einer der emotionalsten Szenen des ganzen Films, die auch sehr gut Disneys Einstellung zu Werten und Traditionen aufgreift. Diese Szene wurde von den Disney-Machern zur ursprünglichen Erzählung Carrolls hinzugefügt. Sie verändert seine Aussage dadurch aber komplett.

Der rosafarbene Weg, der durch den Wald führt und den Alice am Anfang noch in der Hoffnung beschreitet, er würde sie nach Hause führen, entpuppt sich bald als Irrweg, der nur aufgemalt war. Er verdeutlicht aber ihren starken Wunsch nach „Wegweisung" und in gewisser Weise auch nach Autorität. Alice will ihren Weg durch das Wunderland nicht selbst bestimmen, ist dazu überhaupt nicht in der Lage, sondern sie will an die Hand genommen werden. Dadurch unterscheidet sie sich signifikant von der Alice aus dem Buch.

Es wird bei dieser Szene im Wald hauptsächlich mit Totalen und weiten Einstellungen gearbeitet, die Alice aus der Entfernung zeigen und ihre Isolation und Einsamkeit hervorheben sollen. Infolge ihres eigenen Unvermögens, den Weg nach Hause zu finden, beginnt sie schließlich aus Verzweiflung darüber zu weinen. Gleichzeitig stimmt sie ein Lied an, das einer traurigen Melodie folgt, die aus dem Hintergrund erklingt: „Ich bin mir selbst immer im Weg. Deshalb wird ich auch nie mehr glücklich und froh."[155] Sie erkennt sich selbst als Kind des Ungehorsams und möchte diese für sie selbst negativ behafteten Eigenschaften gern ablegen. Denn dadurch gerät sie aus eigener Schuld in Verstrickungen, aus denen sie sich selbst nicht mehr befreien kann.

Man erlebt hier ein hilfloses, unselbstständiges, eingeschüchtertes Kind – und kein mutiges, unerschrockenes, wie Carroll es vorgegeben hat – das darüber verzweifelt, es den Erwachsenen nie Recht machen zu können, da es sich in seiner Haut als Kind gefangen fühlt. Es möchte sich nur zu gern an die Regeln der Erwachsenen anpassen, aber der natürliche Antrieb, die angeborene Neugier verhindern dies. Man sieht hier, wie stark der Druck der Erwachsenen durch ihr Regel- und Ordnungsbewusstsein auf Kinder einwirkt, so dass diese dadurch Schuldgefühle entwickeln.

---

[154] Vgl. ROSS 2000, S. 219.
[155] WALT DISNEY PICTURES 1951, TC: [00:52:14].

Zusätzlich wird die immer größer werdende Sehnsucht nach ihrem Zuhause sichtbar, dem Altbekannten, dem Gewohnten. Hier wird das Motiv aufgegriffen, dass Kinder sich zwar einerseits Abenteuer wünschen, aber andererseits sehr an ihrer Umgebung festhalten und das Abenteuer nur in einem geschützten Raum erleben wollen. Auf diese Weise sind auch viele Hollywood-Fantasy-Filme für Kinder konzipiert. Ihr Ziel ist es, die zumeist kindlichen Protagonisten nur deshalb in ein unbekanntes Land zu führen, um sie daran zu erinnern, wie schön sie es in ihrer gewohnten, traditionellen Umgebung hatten. Am Ende dieser Reise kehren sie für gewöhnlich geläutert nach Hause zurück. Dieses Phänomen beschreibt CHASTON auch als „Ozification".[156]

Zwischen der Realität und dem Wunderland liegen eben doch Welten. Diese Kluft kann nicht überwunden werden. Auch das zeigt diese Szene. Die wundersamen Tiere des Waldes versammeln sich zwar um Alice, weinen mit ihr und haben Mitleid. Doch sind sie unfähig, zu handeln, unfähig, Trost zu spenden, unfähig, zu helfen.

DEBORAH ROSS greift diesen Ansatz ebenfalls auf und macht darauf aufmerksam, dass die Szene im Tulgey-Wald die Einzige ist, in der den Zeichnern imaginäre Freiheit gewährt wurde. Erkennen könne man dies an der Darstellung der Tiere des Waldes, welche sich aus der wahnwitzigen Mischung von Tierkörpern und unterschiedlichen (Haushalts-)Gegenständen zusammensetzen. Doch ausgerechnet in dieser Szene fürchtet sich Alice vor ihnen, statt sich an dem Wunderbaren, nach dem sie sich so gesehnt hatte, zu erfreuen. Genau dies aber untergrabe den Wunsch Carrolls nach imaginärer Freiheit und zeuge von einer Abkehr des Phantastischen.[157]

> Es ist nicht schädlich, wenn man der Phantasie erlaubt, daß sie einen eine zeitlang gefangennimmt, wenn man nur nicht für immer in ihr verstrickt bleibt. Am Ende der Geschichte kehrt der Held in die Wirklichkeit zurück – in eine Wirklichkeit voller Glück, aber ohne Zauber.[158]

Alice eigens erschaffene und phantasierte Welt schüchtert sie also zusehends ein, den Höhepunkt dahingehend erreichend, dass sie in Panik aus dem Gerichtssaal flieht.

> Any power or strength that Carroll gives Alice is stripped away. When she ultimately returns home, we are relieved. She is safe from the dangers that proliferate outside the home. It is unlikely that Alice's sister, who refuses to hear a word about her adventures, will, as in Carroll's book, dream about the child's story and imagine Alice retelling it to future children.[159]

---

[156] Vgl. CHASTON 1997, S. 13–18.
[157] Vgl. ROSS 2000, S. 221.
[158] BETTELHEIM 1980, S. 75.
[159] CHASTON 1997, S. 16.

Disneys Alice ist am Ende ihrer Reise also nicht erwachsener oder reifer geworden. Auch hier unterscheidet sie sich von Carrolls Alice, die mit jedem Schritt, den sie tut, an Selbstsicherheit gewinnt. Disneys Alice fürchtet sich weiterhin vor ihrer eigenen Courage. Für sie erscheint am Ende die reale Welt viel märchenhafter und schöner als das von ihr erschaffene Wunderland. In der realen Welt empfängt Alice Gemütlichkeit und sie erfährt das Behütetsein des Kindseins. Die Welt ist warm und friedlich und hell. Das Wunderland hingegen ist hektisch, laut und verwirrend. Die Kindheit ist ein Ort des Friedens und der Glückseligkeit, an dem man sich zumindest noch nicht mit den ernsthaften Problemen der Welt auseinandersetzen muss. „Instead of going forward into maturity, Disney's Alice retreats into perpetual childhood, learning to reasure ‚dull reality' rather than the memory of the dream that alone, to Carroll, made reality tolerable."[160]

Der Wunsch zur Rückkehr nach Hause unterstützt damit auch das traditionell-konservative Familien- und Frauen bzw. Mädchenbild der damaligen Zeit. „Normal females [...] do not really belong in the adventure world [...], because women belong, in the ideology of the 1950s in general and of 1950s Disney films in particular, in the routinized domestic space of the home."[161] Nach dem Krieg war der wichtigste Halt, den man zu dieser Zeit hatte, die Familie. Besonders die Kinder galten als Hoffnungsträger für eine neue, bessere Zukunft. Sie waren die Unschuldigen, die die Grausamkeit des Krieges nicht mehr miterleben mussten. Sie standen für den Neubeginn, für einen Anfang des Friedens und der Gerechtigkeit, für die Verbesserung von allem, was kommen sollte. Durch ihre ihnen zugeschriebene Unschuld brauchten sie aber Führung – durch die Mutter, welche die Kinder umsorgte und durch den Vater als Patron, der mit Autorität über die Familie wachen und diese beschützen sollte.[162]

Insgesamt kann man also sagen, dass Disney mit seiner Verfilmung ein sehr oberflächliches Kindheitsbild kreiert, und ein Kind präsentiert, das sich – gemäß dem traditionellen Familienbild der 50er Jahre – nach Regeln, Schutz durch die Familie, Passivität und Unterordnung sehnt. Als Disneys Position erkennen wir ganz klar die des Befürworters kindlicher Naivität und Unschuld sowie deren Erhalt, welche ihm nur in dieser Rollenverteilung möglich erscheint. „Thus, *Alice in Wonderland* is another in the long line of Disney films that seem to celebrate the individual imagination only ultimately to advise individuals to accept the status quo."[163]

---

[160] ROSS 2000, S. 220.
[161] BOOKER 2010, S. 24.
[162] Vgl. SPIGEL 1998, S. 111–114.
[163] Ebd., S. 23.

5.2 Millers tiefenpsychologische Kindheitsstudie von *Alice im Wunderland* (1966)

Eine gänzliche andere Umsetzung des Klassikers lieferte der Brite Jonathan Miller mit seiner BBC-Verfilmung aus dem Jahre 1966, die von vielen zugleich auch als die beste aller bisherigen *Alice*-Verfilmungen angesehen wird.[164]

Miller, der heute vielmehr als Opern- denn als Filmregisseur bekannt ist, entwickelte über die Jahre seines Schaffens hinweg ein außerordentliches Interesse daran, *Alice im Wunderland* zu verfilmen. Ermutigt wurde er dabei erstmals von der Autorin Lillian Hellman, die er auf einer Party in New York kennenlernte. Zu diesem Zeitpunkt hatte er allerdings noch nie als Regisseur, oder überhaupt in den Medien, gearbeitet.[165] Doch einige Jahre später reifte seine Idee heran und er konnte seine Visionen mithilfe der BBC doch noch verwirklichen.

Das Besondere an seiner Verfilmung war zunächst die Tatsache, dass Miller der erste Filmemacher war, der den klassischen Stoff fernab der traditionellen Lesart interpretierte und eine neue, für damalige Zeiten ungewöhnliche Sicht auf die Geschichte präsentierte. Er wollte alles, was man mit dieser traditionellen Lesart in Verbindung brachte, nämlich die Annahme, das Buch huldige dem goldenen Zeitalter der Kindheit und wäre lediglich dem Kind als Leser vorbehalten, streichen. Ausgangspunkt seiner Arbeit war dabei WILLIAM EMPSONS Essay *The Child as Swain* aus dem Jahre 1935 sowie Kritiken, die sich auf Carrolls ursprünglichen Text bezogen. Für seine psychedelisch wirkenden Traumsequenzen ließ er sich vor allem von Orson Welles düsterer Ästhetik der Verfilmung von Kafkas *The Trial* beeinflussen.[166]

Im Film sind zudem Einflüsse aus seiner Laufbahn als gelernten Mediziner nicht zu verleugnen. Schon von Kindesbeinen an beschäftigte er sich mit Hingabe mit der Wissenschaft, der Psychoanalyse und der Philosophie. Dies wurde ihm insbesondere durch seine Familie mitgegeben: Seine Mutter war die Großnichte des bekannten Philosophen Henri Bergson, dem wichtigsten Vertreter der Lebensphilosophie, und auch sein Vater war als Philosoph und Psychologe tätig. Schon früh interessierte sich Miller daher ebenfalls für die neuropsychologischen Abläufe im Menschen.[167]

Aus diesem Grund mag es nicht verwundern, dass auch sein Film *Alice im Wunderland* eher kopflastig und intellektuell angelegt ist. Er veranschaulicht sehr genau die psychische Beengtheit des Mädchens, die er selbst als „[...] shades of

---

[164] Vgl. DIXON 2000, S. 48.
[165] Vgl. MCGEE 2009, s. auch: http://www.thebluegrassspecial.com/archive/2010/april10/ alice-wonderland-1966-1972.php [26.11.2012].
[166] Vgl. MCWILLIAM 2011, S. 230–231.
[167] Vgl. ROMAIN 1992, S. 1–3.

the prison house beginning to close around the growing child [...]"[168] beschreibt. Während Disneys Version kaum in die Psyche des Kindes eindringt, versucht Miller mit seiner Adaption sehr viel stärker die inneren Probleme und psychologischen Muster auszuloten, die sich in dem Kindertraum manifestieren. Mit seiner narrativen Lethargie bildet der Film einen starken Kontrast zu Disneys farbensprühender, lebensbejahenden und hektischen Interpretation.

Im Folgenden wird nun erörtert, wie genau Miller seine Ansichten filmisch umsetzte, was er damit bewirkte und welches Kindheitsbild er mit seiner Version letztlich beschreibt.

5.2.1 Millers Ästhetik des Minimalismus

„I like great simplicity in all my work"[169], sagt Miller selbst und diese Einfachheit ist auch seiner Alice-Verfilmung anzusehen. Aber diese Einfachheit ist nicht banal. Sie wirkt erwachsener, intellektueller und durchdachter als jeder Spektakel-Film. Insofern hat dieser Minimalismus letztlich auch großen Einfluss darauf, wie Kind und Kindheit in diesem Film wahrgenommen werden.

Eine besondere Herausforderung für den in Schwarz-Weiß gedrehten Realfilm war die Umsetzung der Traumsequenz und der Effekte, die sich daraus ergeben.

Miller betrachtet den Traum aus stark rationaler Sicht. Wie Henri Bergson, der ebenfalls über den Traum philosophierte, vertritt er die Ansicht, dass im Traum lediglich Erinnerungen reflektiert werden. Nur diejenigen jedoch, die mit der aktuellen Gemütslage, also den somatischen Reizen des Träumenden, übereinstimmen, werden vom Unterbewusstsein aufgegriffen und fließen in das Geschehen und die Handlung des Traums mit ein.[170]

Damit spricht Miller dem Traum allerdings auch seine symbolische Bedeutung ab:

> „I certainly didn't have any Freudian symbols in it. Freudians might have talked about the fall down the rabbit hole as something Freudian, but as far as I was concerned there was nothing even symbolic about it. I don't think that anything is symbolized. It just is the disheveled dreamscape that we all go through, in which I don't believe there are any symbols which stand for something other than what they look like."[171]

Obwohl in den 60er Jahren FREUD sehr beliebt war, und seine Theorien häufig zur Interpretation herangezogen wurden, versagte sich Miller dieser einseitigen

---

[168] MILLER zitiert nach MCGEE 2009, s. auch: http://www.thebluegrassspecial.com/archive/2010/april10/alice-wonderland-1966-1972.php [26.11.2012].
[169] MILLER zitiert nach THILL 2003, s. auch: http://www.brightlightsfilm.com/42/alice.php [30.09.2012].
[170] Vgl. FROMM 2007, S. 96-98.
[171] MILLER zitiert nach MCGEE 2009, S. auch: http://www.thebluegrassspecial.com/ archive/2010/april10/alice-wonderland-1966-1972.php [26.11.2012].

Betrachtung: „Miller said he believed the Freudian interpretation of literature destroys the complexities of a book' and that people who searched for phallic and other forms of sexual symbolism were self-indulgent".[172]

Miller versieht die Ereignisse, Orte, Gegenstände eines Traums also nicht mit einer spezifischen Bedeutung, sondern lässt die Bilder und Figuren durch sich selbst sprechen, und plädiert dafür, das, was geschieht, das, was man sieht, anzunehmen und daraus seine Erkenntnisse zu ziehen.[173]

Demnach versteht er *Alice im Wunderland* lediglich als den Traum eines Kindes, welches die ihm aus der Wirklichkeit bereits bekannten Dinge im Traum erneut aufgreift, um sie dort in einer verbindungslosen Abfolge, die sich jeder Sinnhaftigkeit entzieht, zu wiederholen.

> It's all to do with reality. It's to do with the reality of dreams as opposed to the reality of waking life. Both of them are equally real - we have two existences. We have an existence in which we walk through the ordinary world in which we have to make transitions from one place to another. They are logical and meaningful, and have spatial coherence, as opposed to an equally real dream-life that we have in which none of these transitions and sequences and connections occur. It's not that rules are broken in dreams, it's just that the world is organized in a different way in dreams and at the time they seem perfectly natural.[174]

Für ihn sind Träume nicht deshalb „traumhaft", weil sie eine bestimmte Bedeutung suggerieren, weil sie das Grauen oder das Phantastische enthalten, das in Träumen oftmals aus dem Innersten emporsteigt, sondern die Faszination und das Traumhafte steckt Millers Ansicht nach in der Art der Verbindung einzelner Traumsequenzen.[175] Im Traum existiert also keine logische Abfolge von Erlebnissen. Er erklärt dies mit der natürlichen Struktur und Dynamik des Traums, die er filmisch auf genau diese Weise wiederzugeben versucht, zum Beispiel durch die Verzerrung von Zeit- und Raumgrenzen.

So wechselt die Szenerie im Film *Alice im Wunderland* beispielsweise mühelos, indem Alice zunächst einen dunklen Erdtunnel durchquert und mit der nächsten Einstellung einen hell erleuchteten, fensterreichen Raum betritt. Vielfach tauchen – beim Übergang von einem Ort zum nächsten – Gegenstände, Personen oder Orte auf, auf die zuvor nichts hingedeutet hat. Während der Eingangsbereich eines Zimmers beim Eintreten noch menschenleer ist, zeigt der nächste Schnitt aus einer anderen Perspektive, dass genau an dieser Stelle jemand steht, der vorher nicht dort war. Im Traum jedoch ist dies nichts Verwunderliches oder gar Wunderbares, weil im Traum die Grenzen der Wirklichkeit und die Logik aufgehoben sind.

---

[172] MCWILLIAM 2011, S. 233.
[173] Vgl. ebd.
[174] Ebd.
[175] Vgl. ebd., S. 234.

Die Kamera bleibt vielfach statisch, während die Figuren vom Bild weg- oder auf das Bild zulaufen. Die Räume selbst sind oft verwinkelt mit vielen Stufen, Geländern und labyrinthartigen Gängen, in denen man sich häufig nicht mehr zurechtfindet. Dies wird durch den Einsatz der Schrägperspektive noch verstärkt. Stille und Wortlosigkeit beherrschen den Film. Bevor das erste Wort fällt, vergehen fast sechs Minuten. Häufig spricht Alice mit sich selbst im Voice-Over – Gedanken, Wortfetzen, wahllos eingeworfen, die mit der Situation selbst nichts zu tun haben.

> I recognized that I could only succeed with Alice if the film realized the characteristically disjunctive grammar of dream. The strange juxtaposition of elements in a scene that never strike us as odd when we are dreaming, should occur as almost passing details in a film. [...] Apart from the way that things are inappropriately juxtaposed in the same scene, dreams are characterized by the way one scene gives way to the next without any of the transitions that lend ordinary narrative texts its coherence.[176]

Der minimalistische Stil Millers ist weiterhin daran zu erkennen, dass kaum Spezialeffekte eingesetzt werden.[177] Um die Größenunterschiede und das Schrumpfen bzw. Wachsen von Alice zu verdeutlichen, werden einfache Tricks angewandt. Das Schrumpfen wird beispielsweise lediglich durch die veränderte Kameraperspektive, hier die Vogelperspektive, die das Verhältnis von Groß und Klein wiedergibt, angedeutet. War zuvor nur ihr Gesicht zu sehen, thront mit der nächsten Einstellung plötzlich die Glasplatte eines Tisches über Alice.

Miller verzichtet in seinem Film außerdem darauf, die Figuren als Frosch, Schwein oder Kaninchen zu maskieren. Er orientiert sich somit nicht an den Vorlagen Tenniels. Masken wirken seiner Meinung nach zu maskenhaft und würden, anders als im Buch und bei Tenniels Zeichnungen, mehr verschleiern als Aufschluss geben. Für Miller war diese Art der Maskierung zu plump, um Erklärungen zu liefern und Kritik am Bild der Gesellschaft üben zu können. Deshalb griff er auf die ursprüngliche Bedeutung der Figuren zurück, auf die Metaphorik, die sich hinter der Tierwelt verbirgt.[178] Er verniedlichte auf diese Weise auch nicht die Vorstellungen des Kindes, das auf den Animismus anspricht. Er gab dem Kind seine Ernsthaftigkeit zurück, erkannte in der Kindheit eine bedeutende Lebensphase, die viel tiefer geht und viel mehr Respekt und Aufmerksamkeit durch die Erwachsenen verdient als bisher geschehen. Indem er versuchte, das viktorianische Bild der damaligen Gesellschaft nachzuzeichnen, hinter die Masken zu blicken, konnte er auf diese Weise Alice und ihre Probleme beim Erwachsenwerden auf authentischere Weise dokumentieren als beispiels-

---

176 MILLER zitiert nach ZIPES 2011, S. 298.
177 Vgl. THILL 2003, s. auch: http://www.brightlightsfilm.com/42/alice.php [30.09.2012].
178 Vgl. ROMAIN 1992, S. 32f.

weise Disney, der die Geschichte wie ein Märchen erzählte und den Figuren damit ein Stück Glaubwürdigkeit nahm.[179]

5.2.2 Das Ende der Naivität: Alice kühle Rationalität als stille Kapitulation vor dem Erwachsenwerden

> There was a time when meadow, grove, and stream,
> The earth, and every common sight,
> To me did seem
> Apparell'd in celestial light,
> The glory and the freshness of a dream.[180]

Diese Verse spricht Alice zu Beginn von Millers Verfilmung. Starr blickt sie dabei in die Kamera, ihre Stimme ist nur im Voice-Over zu hören. Die Zeilen stammen von WILLIAM WORDSWORTHs *Intimations of Immortality from Recollections of Early Childhood* (1803-1806).[181] WORDSWORTH war ein bekannter britischer Dichter, der die Kindheit zur wichtigsten Phase im Leben eines Menschen erklärte.[182] WORDSWORTH, wie auch andere Dichter dieser Zeit, idealisierten die Kindheit und sentimentalisierten das Kind. Sie warnten vor der Gefahr des Verlustes der Kindheit und ihrer Unschuld. Diese nämlich sah man in Gefahr durch die Welt der Erwachsenen, durch ihre Gleichgültigkeit, Arroganz und Ignoranz ebenso wie durch ihre Grausamkeit gegenüber dem Kind. Das Kind galt als Opfer der Gesellschaft, als Opfer der Erwachsenen, und wurde so auch häufig in den Versen und Reimen beschrieben. Eine Kindheit, die so zerbrechlich ist, musste beschützt werden. Diese Sicht der unschuldigen Kindheit ist laut STEEL auch im 20. Jahrhundert noch vorzufinden.[183] Miller befürwortet diese Sicht WORDSWORTHs, wie sich im Laufe der Arbeit immer wieder zeigen wird.

In der ersten Einstellung des Films fällt als Erstes die Figur der Alice auf. Wird sie in anderen Verfilmungen als blond und blauäugig – wobei blauäugig ebenso für ihre Naivität stehen kann – dargestellt, unterscheidet sich Millers Alice signifikant davon.

---

[179] Vgl. BROOKER 2005, S. 210.

[180] BBC 1966, TC: [00:00:07].

[181] Vgl. BROOKER 2005, S. 209. Diese Ode ist das Hauptstück in WORDSWORTHs Arbeit über die Kindheit, denn in ihr kommen gebündelt seine Philosophie und seine Haltung zur Kindheit und all der Dichter, die sich ebenfalls damit beschäftigten, zum Ausdruck. Er wollte die natürlichen Rechte der Kinder ebenso wie ihre Freiheit bewahren. Vgl. BABENROTH 1973, S. 374f.

[182] WORDSWORTH gilt als *der* „[…] poet of childhood". Er setzte sich in seinen Gedichten intensiv mit Kindern und der Kindheit auseinander. Er beobachtete sie in allen Phasen ihrer Kindheit, von der Geburt bis zum ersten Schultag, und porträtierte Kinder in seinen Aufzeichnungen. Vgl. BABENROTH 1973, S. 299.

[183] Vgl. STEEL 2012, S. 19f.

Die 14jährige Anne-Marie Mallik spielt in Millers Verfilmung die Rolle der Alice und fängt dabei das Lebensgefühl der damaligen Zeit ein. Sie erinnert mit ihren dunklen, struppigen Haaren und ihrem mürrischen, ausdruckslosen Gesicht, das ohne ein Zeichen von Lebensfreude, ohne ein Lächeln auskommt, kein bisschen an Tenniels Vorlage des aufgeweckten, blonden Mädchens, das forsch und zielstrebig sein Wunderland durchstreift. Vielmehr gleicht sie Carrolls eigens gezeichneter Vorlage, die NINA AUERBACH nachfolgend beschreibt:

> She's [Alice, Anm.d.Verf.] strikingly sensuous and otherworldly; her dark hair, bangs, and large inward-turned eyes give her face a haunting and haunted quality which is missing from Tenniel's famous illustrations. Carroll's own illustrations for *Alice's adventures under Ground* reproduce her eeriness perfectly. This Alice has a Pre-Raphaelite languor and ambiguity about her which is reflected in the shifting colors of her hair.[184]

Eine der ersten Szenen zeigt Alice in einem verdunkelten Zimmer, zusammen mit dem Dienstmädchen und der Schwester. Ebenso starr wie in der Anfangsszene blickt sie in den Spiegel, während ihr wildes, widerspenstiges Haare gekämmt wird. Kein Wort wird dabei gesprochen. Lediglich die Geräusche des energischen Kämmens sind zu hören. Einzig die Bilder und Gesichter der Protagonisten sprechen ihre Sprache.

Millers Alice wirkt für ein Kind sehr ernsthaft. Sie erscheint nicht kindisch, nicht albern oder naiv. Sie beobachtet aus der Ferne und wirkt dadurch reifer und erwachsener als all ihre „Mitspieler". Statt zu quengeln und zu schimpfen, lässt Alice die Prozedur des sehr ruppigen Kämmens über sich ergehen. Sie wirkt nachdenklich, ja abwesend. Sie lebt, so scheint es, in einer völlig anderen Welt. Ein wenig erinnert sie in ihrer Reaktionslosigkeit an eine Marionette, die man in der Realität nach Belieben formen und bewegen kann, während sie selbst in ihrem Innersten andere, eigene Wege verfolgt.

Auch im weiteren Verlauf der Handlung wird man als Zuschauer immer wieder überrascht von der emotionalen Kühle, die Millers Alice, angesichts dessen, was sie als ihre eigene Zukunft erkennt, ausstrahlt.

> She walks through the story, unimpressed by the ridiculous adults who she comes across, with the air of entitlement provided by her Home Counties upbringing. Her dialogue is spare and clipped. She is by turns proud, spoilt and humourless; a young girl caught between worlds, not just the translation to Wonderland but also one whose body is changing with the onset of puberty […]. Malik captures the skepticism of young people in the 1960s confronted by the absurd rituals of the older generation, who affect wisdom but spout nonsense.[185]

Anders als Disneys Alice ist nicht zu erkennen, dass sie sich nach einem Wunderland sehnt oder nach Abenteuern, die sie erleben könnte. Alice wirkt den

---

[184] AUERBACH 1973, S. 34.
[185] MCWILLIAM 2011, S. 232.

gesamten Film über sehr bei sich, sehr rational. Sie zappelt nicht, sie springt nicht herum, sie ist aber auch nicht ausgelassen und fröhlich wie andere Kinder. Das Ausleben ihrer eigenen kindlicher Triebe scheint ihr fremd geworden zu sein. Man hat ihr das Staunen und die Neugier über die sie umgebende Welt abgewöhnt.

Das Gesicht als Spiegel der Seele bleibt unbelebt. Die Regungen in Alices Gesicht, das häufig in Close-up's eingeblendet wird, sind nie exzessiv, sondern stets zurückhaltend. Selbst ihr Weinen über die verschlossene Tür, die in den Garten der Herzkönigin führt, wird für ein Kind vollkommen emotionslos dargestellt: In Großaufnahme erscheint ihr ausdrucksloses Gesicht, von dem ein paar Tränen zur Erde herabfallen. Während Großaufnahmen des Gesichts normalerweise gezielt eingesetzt werden, um Emotionen und Empathie zu wecken[186], bleibt man hier unberührt. Keine Expressivität ist zu erkennen, keine Emotionalität wird erzeugt. Die natürliche Gefühlsansteckung wird, wie PLANTINGA am Schluss seines Aufsatzes fragend resümiert, durch eben diese Ausdruckslosigkeit konterkariert.[187] Es gibt kein Gefühl in Alice, das man teilen könnte. Die vom Zuschauer erwartete Gefühlsregung ihrerseits bleibt aus.

5.2.3 Trennung der Welten: Erwachsenenwelt – Kinderwelt

Miller thematisiert in seiner Verfilmung vor allem die Problematik, dass Kindheit und Erwachsenenwelt[188] nicht miteinander vereinbar sind. Dies kündigt sich bereits an, als Alice mit ihrer Schwester zu einem Spaziergang aufbricht, also noch bevor sie in ihre Traumwelt hinabgleitet.

In einer lang gedrehten Parallelfahrt durchqueren Alice und ihre Schwester das große Anwesen und den Garten, in dem von der Dienerschaft verschiedene Arbeiten ausgeführt werden. Keiner lässt sich davon abbringen, keiner nimmt Notiz, und im Gegenzug scheint auch Alice keine Notiz von ihnen zu nehmen. Sie streifen vorbei und bleiben doch nicht haften.

Begleitet werden Alice und ihre Schwester bei ihrem Gang durch den Garten nur von dem Singen der Vögel. Ansonsten herrscht Stille, die trotz der gezeigten Idylle – oder genau deshalb – fast schon bedrohlich erscheint.

Beim Eintritt in den Wald erklingt meditative, transzendentale Musik, die dazu einlädt, sich in andere Sphären zu begeben, sich hinzugeben, sich verführen zu lassen von den Träumen und der Phantasie. Diese Klänge stammen von dem

---

[186] Vgl. PLANTINGA 2004, S. 7–13.
[187] Vgl. ebd., S. 26.
[188] Hier drückt sich wiederum das Ideal des romantischen Kindheitsbildes aus: Der Wechsel der Welten manifestiert eine Vorstellung von Kindheit, in der einzig das Kind einen durch Phantasie geschaffenen Raum entstehen lassen kann. Dadurch wird es zum Grenzgänger zwischen den Welten und zur einzigen Verbindung zum Wunderbaren und Göttlichen.

indischen Sitarspieler Ravi Shankar,[189] dessen Musik in den 60er Jahren überaus beliebt war. Die Effekte auf Millers Film sind unverkennbar: „The sounds of the sitar not only evoked the feeling of dreaming but also of entering a new and different world (which is the cultural work that orientalism seeks to achieve)."[190]

Der Einsatz einer wackeligen Handkamera, die Alice folgt, während sie skeptisch das Geschehen im Wald beobachtet, verstärkt die Surrealität der Szene, die den Übergang in ein Traumland hier bereits ankündigt. Die Geschwister kommen auf ein sonnendurchflutetes Blumenfeld. Alices Haar weht im Wind, bevor sie sich niederlegt. Sie wird von der Stimmung vereinnahmt – weiterhin untermalt von meditativer Musik – der Ruhe, der Hitze, die auf sie einwirkt, sie lässt sich treiben und schließt schließlich die Augen, um in einen fieberhaften Traum hinabzusinken. Die ganze Szenerie wirkt, als befände man sich tatsächlich in einem Fiebertraum, die Schläfrigkeit und Schwere, die Alice umhüllt, wirkt selbst auf den Zuschauer ein.

Als sie die Augen wieder öffnet, erscheint im Hintergrund undeutlich ein Mann im Bild und verschwindet nach hinten. Die Musik verändert sich hier und wird zu einem hektischen Trippeln. Alice ist nicht Mittelpunkt des Bildes, sondern nur am unteren linken Rand auszumachen. Sie erscheint wie ein Eindringling auf den Mann, der sie mit Handgesten bedroht. Alice jedoch reagiert nicht darauf. Sie scheint noch immer abwesend zu sein, schaut starr in die Leere. Der Zuschauer kann ihrem Blick nicht folgen. Diese Abwesenheit wird sich durch die gesamte Traumsequenz ziehen.

In einer der folgenden Szenen zum Beispiel betritt Alice einen Raum voller Menschen, die unkontrolliert Geräusche oder Worte von sich geben, die völlig losgelöst von ihrer Bedeutung sind, zum Beispiel ein gackerndes „Yes, yes, yes".[191] Sie werden an den unpassendsten Stellen eingeworfen und für den Zuschauer erscheint es so, als sei man umgeben von Menschen, die den Kontakt zu sich und ihrer Umwelt verloren haben.

> "[...] she [Alice, Anm. d. Verf.] tries to, as you say, hold on to common sense surrounded by these strange adults who appear to be lost in their world. In other words, she is witnessing the cataclysm of growing up. She sees them all around her—a white rabbit who is endlessly hastening and hurrying, the griffin and the mock turtle who are endlessly looking back to their schooldays with great nostalgia. Everyone around her is absurd precisely because they have grown up."[192]

Beim Caucaus-Race, das im Anschluss folgt, ist Alice nur stiller Beobachter. Hier kommt wieder die Handkamera zum Einsatz, die dem Treiben zusätzlich

---

[189] Vgl. BROOKER 2005, S. 211.
[190] MCWILLIAM 2011, S. 235.
[191] BBC 1966, TC: [00:10:08].
[192] MILLER zitiert nach MCGEE 2009, s. auch: http://www.thebluegrassspecial.com/archive /2010/april10/alice-wonderland-1966-1972.php [26.11.2012].

einen verstörenden Eindruck verleiht. Sie mischt sich ins Geschehen, die Perspektiven wechseln rasch von der Vogel- zur Froschperspektive, während sie die völlig unkoordinierten Bewegungen der Erwachsenen zeigt, die sich nach eigenen Aussagen einem wichtigen Ritual hingeben. Die Menschen gebärden sich wie ein wild gewordener Hühnerhaufen, geben Tierlaute, wie Grunzen und Wiehern, von sich. Im Innenhof schließlich schlagen sie gegenseitig aufeinander ein und legen sich anschließend zu Boden, bis jemand verkündet, dass das Rennen beendet ist.

Als Alice den Preis verteilen soll und sich alle darauf stürzen, sieht man Alices Gesicht in Nahaufnahme ironisch-skeptisch von der Seite in die Kamera blicken. Ihre Gelassenheit und Erhabenheit über die Situation steht im Kontrast zu dem skurril anmutenden Durcheinander, das sich ihr bietet. Alice sieht auch hier immer an der Szenerie oder den Anwesenden vorbei, die mit ihr sprechen und denen sie Antworten gibt. Sie verweigert sich ihnen auf diese Weise, sieht sich nicht als zugehörig. Miller erklärt dies folgendermaßen:

> "I think...children have a curious vision of adults, because they, having no sort of psychological theory at all...can't project any sort of motive into these creatures who are behaving in front of them. All that they see are sort of odd semaphores going on...And it isn't until they become 8 or 9 perhaps and they have some sort of articulated idea of how their own mind work that they can project some image of that into these creatures."[193]

Da es sich um Alices Traum handelt, bekommt der Zuschauer einen Einblick davon, wie sie die Welt der Erwachsenen wahrnimmt. Man könnte meinen, sie projiziert die von den Erwachsenen als falsch deklarierten Verhaltensweisen des Kindes auf diese selbst, verstärkt sie und lässt sie somit lächerlich erscheinen. Sie werden karikiert zu gierigen, ihre Triebe nicht unter Kontrolle habenden, niederen Wesen, denen Alice nur verständnislos und fragend gegenüberstehen kann. Die ganze Absurdität der Welt der Erwachsenen kommt hier zum Ausdruck.

Fast traurig flüstert sie später im Voice-Over zu sich selbst: „I'm mad. You're mad"[194]. „Mad", also „verrückt", bedeutet in dem Sinne nicht nur eine geistige Verrücktheit, sondern eine Verrücktheit aller Dinge und Formen, aller Lebensumstände, auf die Alice trifft. Die Regeln des alltäglichen Zusammenlebens sind ver-rückt, umgerückt, abgerückt vom Ursprünglichen, von der Norm.

Die nächste, sehr wichtige Szene, die die Trennung von Kinder- und Erwachsenenwelt hervorhebt, ist die Teeparty-Sequenz. Diese dauert fast sieben Minuten, in denen nichts, rein gar nichts, passiert. Alice hat ihre Hand auf den Tisch aufgestützt, was ihre Langeweile signalisieren soll. Dies wird unterstrichen durch eine enorm langsame Kamerafahrt am Tisch der Teegesellschaft entlang, die mit einem Shot auf Alices Gesicht in Untersicht endet. Sie wirft dabei einen gelang-

---

[193] MILLER zitiert nach MCWILLIAM 2011, S. 234.
[194] BBC 1966, TC: [00:27:26].

weilten Blick in die Kamera. Im Voice-Over hört man Alice das Geschehen folgendermaßen kommentieren: „This is the stupiest Tea party I've ever had."[195]
Meditative Musik verstärkt die Langsamkeit und Langwierigkeit dieser Szene
noch, die in ihrer Zeitverschwendung Verärgerung und Unverständnis bei Alice
hervorruft. Es gibt sehr viele Überblenden und statische Shots, in denen niemand
spricht, um die Zeitdauer zu verdeutlichen. Dazwischen gibt es kurze Unter-
brechungen, in denen die „Gespräche" nach scheinbar minutenlangem Schweigen
plötzlich weitergehen. Auch hier jedoch kommuniziert man nicht miteinander,
sondern redet aneinander vorbei. Jeder hat etwas wichtig Unwichtiges zu sagen.
Mit dieser Szene soll ausgedrückt werden, dass Erwachsene häufig von Dingen
sprechen, die Kinder nicht verstehen, und sie auf diese Weise ausschließen.

> Miller was inspired by the hot summer afternoons of his own childhood ,when
> people were sitting around in a garden, and conversation just simply seemed to
> seep away into the grass'. [...] Alice refuses to abide by the contemporary injunc-
> tion that children should be seen and not heard and her responses are petulant and
> tart.[196]

Diese Szene karikiert die Erwachsenenwelt aus Sicht des Kindes am besten, da
man erkennt, dass mit all den Regeln und all dem Egozentrismus, den sie verkörpert, nichts bewirkt werden kann, dass ein solches Verhalten nur Stillstand bedeuten kann, aber kein Vorankommen. Die Dynamik des Lebens wird gebremst
durch die Einschränkungen, die man sich selbst auferlegt und die in der Kindheit
noch nicht vorhanden sind.

Das Krocket"spiel" der Königin, das folgt, ist – ebenso wie die Teeparty keine
Party war – kein richtiges Spiel. Regeln sind keine auszumachen. Das Spiel wirkt
zusammenhangslos und unkoordiniert: Die einen spielen, wie es ihnen beliebt, die
anderen stehen nur regungslos und erstarrt auf dem Spielfeld und beteiligen sich
daran, indem sie sich nicht beteiligen. Während also nichts passiert, erklingt
wieder meditative Musik. Alice lässt sich die Haare kämmen, während die
Königin und ihre Gefolgschaft gelangweilt herumsitzen und das Spiel beobachten. Es gibt diverse Überblenden in Slow-Motion, die sich aus Szenen zusammensetzen, die in keiner Verbindung zueinander stehen. Alice blickt mehrmals seitlich
in die Kamera, spricht damit also den Zuschauer direkt an, und lässt mit ihrem
Blick deutlich werden, wie sinnlos dies alles für sie ist: „[...]Miller's version of the
character is used to illustrate just how boring the world of adults can become for
a young imagination."[197]

Alice findet aber nicht nur keinen Zugang zu den Menschen dort, sie findet
genauso wenig Zugang zu sich selbst. Denn die Figuren, denen sie mit Distanz

---

[195] BBC 1966, TC: [00:37:10].
[196] McWilliam 2011, S. 234f.
[197] Thill 2003, s. auch: http://www.brightlightsfilm.com/42/alice.php [30.09.2012].

begegnet, sind im Grunde nur Seelenbilder ihres eigenen Ichs. Die Abgrenzung zu ihnen wird damit zu einer Abgrenzung vom Selbst. Sie weiß nicht mehr, wer sie ist oder wer sie sein soll. Sie kann ihren Platz in dieser Traumwelt nicht finden, findet ihn aber auch nicht in ihrer eigenen Welt, da man ihr nicht zugesteht, nur sie selbst, nur Kind zu sein. Hier greift Miller WORDSWORTHs Ideen auf, der das Kind und seinen natürlichen Status erhalten wollte.

> [...] here was the child fresh from the hands of nature, and living instinctively in harmony with the laws of nature. [...] The days of childhood not only were those of true happiness, but it was then that 'Life's morning radiance had not left the hills.'; it was in those early years of simple childhood that 'Nature and those rustic powers' revealed a 'light' that is seldom beheld by the grown man.[198]

In einer der letzten Szenen, als Alice vom Greif zur Suppenschildkröte geführt wird, der ihr seine Lebensgeschichte erzählt, wird genau dieser nostalgische Blick auf die Kindheit aufgegriffen. Die Szenerie ist hier am Meer, man hört die Möwen und das Rauschen der Wellen. Wieder einmal stellt man sich einander nicht vor, sieht sich während des Gespräches nicht an, das von viel Stille und Pausen unterbrochen ist.

Melancholisch erscheint aber das Bild, das sich dem Zuschauer kurz darauf bietet: die Halbtotale zeigt die Rückenansicht der drei Protagonisten, die vom Strand auf das Wasser zulaufen. In einer Totalen sieht man sie durchs Bild tanzen, während jemand im Voice-Over singt. Am Strand reflektiert die Sonne die drei so, dass sie nur als bloße Schatten zu erkennen sind. Sie unterhalten sich im Voice-Over, während sie am Strand entlanglaufen, begleitet von romantischer Musik und Meeresrauschen. Dies ist die einzige Szene, die in irgendeiner Form Glückseligkeit erzeugt, auch wenn man erkennen muss, dass diese Glückseligkeit nur aus der Erinnerung heraus entstehen kann. Die Wirklichkeit kann dieses Glück nicht mehr erzeugen.

Der Greif und die Schildkröte symbolisieren laut Miller die ältere Generation des Viktorianischen Zeitalters: Menschen, die ein geregeltes Leben führen, aber die keine Abenteuer mehr erleben und deren Leben dadurch für sie selbst sinnlos geworden ist. Einzig aus den Erinnerungen an frühere Zeiten, an die Kinder- und Jugendtage, können sie noch die Schönheit des Lebens ziehen.[199]

> [...] the Victorian looked back to childhood...acknowledging that the innocent child was often closer to wisdom and sensitivity than they in their grown-up gravity could ever hope for.[200]

Nach diesem Ausflug kehrt Alice zur Gerichtsverhandlung zurück, die einem Chaos gleicht. Weder die Zeugen noch die Zuschauer oder das Gericht in Form

---

[198] BABENROTH 1978, S. 378f.
[199] Vgl. MCWILLIAM 2011, S. 235.
[200] MILLER zitiert nach MCWILLIAM 2011, S. 240.

der Königin und des Königs verhalten sich der Situation entsprechend angemessen. Alice taucht plötzlich mehrfach an allen möglichen Orten auf und wechselt blitzschnell ihre Größe. Auch im Spiegel erscheint ihr Bild als Verdopplung des Ichs.

Die Verwendung des Spiegels ist generell sehr auffällig in Millers Verfilmung und belegt die Abspaltung des Ichs, wie sie auch OTTO RANK beschreibt.[201] In einer Szene im Kaninchenhaus zum Beispiel kämmt sie sich vor dem Spiegel die Haare vor ihr Gesicht, um sich auf diese Weise nicht mehr in die Augen (als Spiegel der Seele) blicken zu müssen, aus Angst, darin das zu erblicken, was noch nicht sein soll, um die Teile des Erwachsenwerdens in ihr zu verdrängen. In der Literatur finden sich viele solcher Vorstellungen, das Zukünftige im Spiegel zu erblicken, am besten ausgedrückt in J. E. PORITZKYs Erzählung *Eines Nachts*:

> Ich kenne die Spaltung unseres Bewußtseins sehr wohl; mehr oder minder stark hat sie jeder schon empfunden: Jene Spaltung, in der man seine eigene Person in allen bereits durchlaufenen Verwandlungen schattenhaft am Auge vorüberziehen sieht... Aber es liegt auch die Möglichkeit in uns, zuweilen unsere zukünftigen Lebensformen zu erblicken...dieses Schaudern des zukünftigen Selbst ist manchmal so stark, daß wir glauben, fremde Menschen zu sehen, die sich körperlich leibhaftig von uns ablösen, wie ein Kind vom Mutterleibe. Und dann begegnet man diesen von unserem Ich heraufbeschworenen Erscheinungen der Zukunft und nickt ihnen zu.[202]

Das Spiegelmotiv in der Gerichtsszene deutet ebenfalls auf Nicht-Erkennen und die Nicht-Identifikation mit der Situation hin.[203] Alice empfindet sich selbst als außerkörperlich. Ihr Spiegelbild spiegelt nicht ihre Bewegungen wider, sondern agiert unabhängig davon. So ist also auch hier die Abspaltung des Ich durch das Doppelgängermotiv im Spiegel erkennbar.

Als Alice erwacht, setzt sich auf und überblickt die Wiese; die Schwestern stehen wortlos auf und gehen fort. Krähenrufe begleiten sie auf ihrem Weg, Kirchenglocken erklingen und Ravi Shankars Musik ertönt. Dann wird der Bildschirm schwarz.

Für Miller ist Carrolls Werk eine Geschichte darüber, wie schwer es ist, im viktorianischen Zeitalter erwachsen zu werden, sich mit den Regeln und Normen der Erwachsenenwelt auseinandersetzen zu müssen und dabei die Unschuld der Kindheit zu wahren, die etwas so Kostbares ist. Sowohl WORDSWORTH als auch EMPSON, als Inspirationen Millers, betrachten das Kind oder die Kindheit in Carrolls Buch als mit der Natur verbunden, das Kind, das noch nicht durch den Einfluss der Erwachsenen negativ beeinflusst wurde. Miller deklariert, wie hilflos und verloren die Erwachsenen in ihrem Erwachsendasein sind. Er erkennt sie als nostalgische Figuren, denen der Weg in ein glückliches Leben aufgrund von

---

[201] Vgl. RANK 1925, S. 7–67.
[202] PORITZKY zitiert nach RANK 1925, S. 34f.
[203] Vgl. THILL 2003, s. auch: http://www.brightlightsfilm.com/42/alice.php [30.09.2012].

eigens festgesetzter Verpflichtungen und Regeln, mit denen sie ihre Freiheiten geißeln, verwehrt bleibt.[204] So ist es so, dass viele in ihren aufgezwungen Rollen leben müssen und dadurch verrückt werden, weil sie nicht ihrer Natur folgen können und nicht mehr Kind sein dürfen. Sie stecken in ihren gesellschaftlichen Zwangsjacken fest, aus denen sie sich nicht befreien können.

Auch Alice ist bereits Teil dieser Welt der Erwachsenen, wenn auch noch nicht endgültig. So spricht sie am Ende genau dies aus, als sie noch einmal WORDSWORTH rezitiert:

> It is not now as it hath been of yore;-
> Turn wheresoe'r I may,
> By night or day,
> The things which I have seen I now can see no more.[205]

Für Brooker ist diese Beobachtung des viktorianischen Kindes ein Zeichen tiefer Melancholie eines Kindes an der Schwelle zum Erwachsenwerden. Es stellt die Frage nach der Unbeschwertheit der Kindheit, die scheinbar nicht mehr gelebt werden kann. Erinnerungen an diese werden zu Vorüberziehenden, ganz ihrer Natur folgend. Will man sie fassen, lösen sie sich auf. Die kurzzeitige Glückseligkeit des Gewesenen streift uns, zaubert ein Lächeln hervor - und doch begreifen wir den Hauch ihrer Endlichkeit. So manifestiert sich das Leben aus kurzen Augenblicken, die schon vorüber sind, wenn man sich ihrer bewusst wird.

> With a similar degree of sadness, Carroll recognized in his heroine just such a death of childhood, foreshadowing the difficulties of impending adulthood [....]. It is not so much that the world behind the glass is really so pleasant, for the frustrations of childhood are all there too. But because it cannot be reached again [...] this moment is one of anguish rather than liberation.[206]

5.2.4 Alice für Erwachsene oder für Kinder? – Eine Adressatenproblematik

Zu der Zeit, als Miller mit dem Dreh von *Alice im Wunderland* begann, geriet das Kind vermehrt in den Fokus der gesellschaftlichen Aufmerksamkeit. Im Jahre 1962 erschien PHILIPPE ARIÉS' Werk über die *Geschichte der Kindheit* auf Englisch, welches die Kindheit als Konstrukt der Moderne offenbarte. Freuds Aufsätze über die Sexualität des Kindes warfen zudem einen neuen Blick auf dessen lang proklamierte Unschuld. Der damalige Disput über die Beziehung zwischen Erwachsenen und Kindern war sehr wichtig und führte am Ende zu einer Neubewertung der ursprünglichen Rollenbilder. Der immer größer werdende Verlust

---

[204] Vgl. ALICE IN WONDERLAND. JONATHAN MILLER ON ALICE, s. auch: http://web.archive.org /web/20090603013808/http://www.icons.org.uk/theicons/collection/alice/features/interview-with-jonathan-miller [30.09.2012].
[205] BROOKER 2005, S. 209.
[206] STERN 1976, S. 177–178.

der Autorität spielte hierbei eine sehr große Rolle. Obwohl die Kritik am Viktorianismus groß war, glaubte Miller doch, dass Kinder sich damals in diesem strengen Umfeld beschützter fühlten und leichter Zugang zu den Erwachsenen fanden als in der unsicheren Zeit der 60er Jahre.[207] Millers Film selbst spielte eine große Rolle in der Diskussion um das bestehende Kindheitsbild.

Ausgestrahlt wurde *Alice im Wunderland* an einem Weihnachtsabend, genauer am 28. Dezember 1966 gegen 21 Uhr[208] – für Kinder, laut BBC, ungeeignet. Diesem Hinweis folgte eine Welle an Kritik und Unverständnis. „Miller's film was viewed by some as an assault on the notion of children's innocence and therefore an attack on the family. It became part of the decade's culture wars."[209] Die Kritik bestand beispielsweise darin, dass in Millers Werk nichts mehr von Carrolls Sprachwitz zu erkennen war, dass man ihm mit dieser Verfilmung einen Teil seiner Leichtigkeit genommen habe, das Unschuldige der Kindheit, die für Carroll ein Ort der Freiheit, des freien Geistes, der Idylle war. Man kritisierte, dass das Werk lediglich für Kinder geschrieben wurde, um zu deren Unterhaltung beizutragen.

Tatsächlich ist der Film aber düsterer, trauriger, verwirrender und ernsthafter als die Vorlage Carrolls. Millers Film zeigt eine andere Sicht auf die Kindheit. Er entwirft eine Welt, in der Kinder erwachsener sein müssen – und sich auch so fühlen – als die Erwachsenen selbst.[210] Die Ausdruckslosigkeit spiegelt sich nicht nur in der grauen Welt des „Wunderlandes" wider, sondern auch in den trüben Augen, dem regungslosen Gesicht des Kindes, das Alice repräsentiert. Es ist ein Kind, das keine Wunder mehr sieht, sondern vor dem Grauen der erwachsenen Welt, das seine Zukunft sein soll, resigniert.

Die Kontroverse, die in den Medien bezüglich des Films ausbrach, sagt nun aber einiges über das Bild der Kindheit aus, das man damals in der Gesellschaft hatte. Mit seinem Film kritisierte Miller dieses vorherrschende Kindheitsbild.

Viele Journalisten, die den Film nie gesehen und nur die Warnung der BBC gelesen hatten, die andeutete, dass der Film für Kinder nicht geeignet sei, reagierten hysterisch auf diese Aussage. Eine Erklärung für die extrem negativen Reaktionen könnte der am 13. Oktober 1965 ausgestrahlte, kontrovers diskutierte Film Dennis Potters mit dem Titel *Alice* gewesen sein, der Carrolls angebliche Obsession mit Kindern, Alice im Speziellen, thematisierte. Man befürchtete, dass Miller das Kind ebenfalls in sexuellem Kontext zeige oder Gewaltszenen einfließen ließe. So

---

[207] Vgl. McWILLIAM 2011, S. 237.
[208] Vgl. ebd., S. 241.
[209] Ebd., S. 229.
[210] Vgl. WOLF 1967, S. 9f.

gab es Spekulationen darüber, „that a scene from the film shows Alice following an old man under a bridge."[211]

Ursache dieser Reaktionen war eindeutig der Wunsch nach Wahrung des konservativen Bildes, das man von Kindern damals noch hatte. Zudem war es neu, dass man klassischen Kinderbüchern oder Märchen eine dunkle Seite zusprach. Erst BETTELHEIM im Jahre 1989 interpretierte Märchen auch auf diese Weise. Miller war hier einer der ersten, der den Subtext mit einer tieferen, verstörenden und nicht oberflächlichen Lesart versah.[212] Doch Miller erklärte auch: „It's a serious film, I hope, and if some people think that this makes it unsuitable for children, it may be because we still underestimate the seriousness of childhood itself, set the imaginative capabilities of children too low and rush too eagerly to protect them from portraits of their own predicaments."[213]

---

[211] McWILLIAM 2011, S. 238.
[212] Vgl. ebd., S. 242.
[213] MILLER zitiert nach McWILLIAM 2011, S. 240.

5.3 Das Wunderland als surrealistisches Alptraumland – Švankmajers *Alice* (1988)

Jan Švankmajer ist einer der bedeutendsten Trickfilmkünstler seiner Zeit und nicht nur für Tim Burton eine Inspirationsquelle, sondern auch für viele andere Filmemacher. Er selbst bezeichnet sich als Bewunderer der Werke von Edgar Allen Poe sowie auch von Lewis Carroll.[214] Daher ist es nicht verwunderlich, dass er sich im Jahr 1988 dazu entschied, eine sehr eigenwillige, vom Buch stark abweichende Version des Klassikers *Alice im Wunderland* zu realisieren.[215] Den Film drehte er in einer Kombination aus Real-, Animations- und Live-Action-Szenen. Bereits einige Jahre zuvor ließ er sich von der Fortsetzung des Buches, nämlich *Alice through the looking glass*, zu einem Kurzfilm mit dem Titel *Jabberwocky* (1971) inspirieren. „Historische Puppen und Spielzeuge der k.u.k.-Zeit vollziehen hier in idyllischen Puppenstuben sadomasochistische Rituale, welche die sich ins Unterbewusste einfressende patriarchalisch-autoritäre Erziehung demonstrieren."[216] Sein starkes Interesse an der Kindheitsthematik und Lewis Carroll selbst hängt mit seiner Verbindung zum Surrealismus zusammen, weshalb der nachfolgende Abschnitt die Hintergründe der surrealistischen Bewegung, insbesondere in Prag, und deren Motive und Weltanschauung etwas näher beleuchten soll.

5.3.1 Švankmajer und Der Prager Surrealismus

Erstmals begründet wurde die surrealistische Bewegung im Jahre 1933 unter Leitung André Bretons, der 1935 zusammen mit dem Dichter Paul Éluard auch Prag erkundete. Prag mit seinen gotischen Bauten war für Breton von diesem Zeitpunkt an „the magical capital of Europe", und auch Švankmajer ist bis heute von der Atmosphäre und dem Mythos dieser Stadt, in der er geboren und aufgewachsen ist, geprägt.[217] Seine Faszination für den im 16. Jahrhundert herrschenden Kaiser Rudolf II., dessen größtes Interesse der Alchemie galt, und dem man ebenso eine Verbindung zum legendären Kunstmenschen, dem Golem[218], nachsagt, schlägt sich in vielen seiner Filme nieder.

Ebenfalls stark beeinflusst wurde er von dem Maler Giuseppe Arcimboldo, der dem Manierismus[219] zugetan war, und in seiner außergewöhnlichen Collage-

---

[214] Vgl. HAMES 1995, S. 108.
[215] Vgl. MATT 2011, S.7.
[216] SCHLEGEL 2011, S. 17
[217] Vgl. O'PRAY 1989, S. 254f.
[218] Vgl. UHDE 2007, S. 65.
[219] Manierismus bezeichnet eine kunstgeschichtliche Stilrichtung, die zeitlich gesehen zwischen Renaissance und Barock anzusiedeln ist. Ein wichtiger Bestandteil des Manierismus ist die Metamorphose. Diese findet man in Švankmajers *Alice* ebenso wie in seinen anderen Werken vor. Vgl. UHDE 2007, S. 66.

technik aus Früchten, Blumen, aber auch anorganischen Objekten kunstvoll arrangierte Kunstwerke für Rudolf II erschuf.[220]

Als Bewunderer des berühmten Puppentrickfilmers Jiri Trnka entschied Švankmajer sich dazu, ein Studium am „College of Applied Arts" in Prag zu beginnen, und dieses 1954 mit einem Studium an der „Prague Academy of Performing Arts at the Department of Puppetry" zu erweitern.[221] Er arbeitete danach als Theaterregisseur mit dem „Theatre of Masks" und dem „Black Theatre" zusammen,[222] bevor er 1963 der Gruppe der Prager Surrealisten[223] beitrat.

Švankmajers Filme sind in seinem Heimatland kaum bekannt, denn sie wurden bis 1989, bis zum Ende des Kommunismus, verboten oder konnten nur unter hohen Auflagen und unter großen Schwierigkeiten produziert und hergestellt werden. Dafür erlangte er in der westlichen Welt, besonders in Europa, für seine grotesken und faszinierenden Welten, die er erschuf, und für seine enorme Vorstellungskraft hohes Ansehen unter Filmemachern und Kritikern.

In einem Interview mit der Berliner Zeitung sagte Švankmajer: „Der tschechische Surrealismus existierte notgedrungen zwischen 1968 und 1989 nur im Verborgenen. Es gab keine Ausstellungen, keine Möglichkeiten, sich frei auszutauschen. Ich selbst konnte nicht schöpferisch arbeiten, bekam keinen Zugriff auf Filmmaterial und Technik. Was uns blieb, waren die Träume."[224] Die Poesie und die Macht der Träume, an die er fest glaubt, halfen ihm über diese Zeit der Restriktionen hinweg. Diese stehen ihm als bekennendem Surrealisten ebenso wie die Imagination und das Irrationale sehr nahe, da er durch sie seine Weltanschauung und sein Innerstes am besten auszudrücken vermag.[225] „Während alles in unserem Bewusstsein durch die Realität, die Kunst und die Erziehung geprägt ist, sind die ursprünglichsten Erfahrungen in uns die Unverfälschtesten."[226] Am 25. Januar 1999 schrieb er in sein Tagebuch: "Opposed to that, poetry and imagination create Fantasia, which open the gates to freedom."[227]

---

[220] Vgl. O'PRAY 1989, S. 255.

[221] Vgl. ŠVANKMAJER 1994, S. 99.

[222] Vgl. O'PRAY 1989, S. 255.

[223] Die Gruppe der Surrealisten wurde 1935 in Prag gegründet und bestimmte die künstlerische Szene in der CSZR bis zu ihrem Verbot ab 1947, da man in ihr eine feindliche Grundstimmung gegenüber dem Kommunismus erkannt haben wollte. Wie auch im Dritten Reich bezeichnete man diese Art der Kunst als „entartet" und drückte ihr damit einen ideologischen Stempel auf. Vgl. SRP / BYDZOVSKÁ 2009, S. 40 u. 46.

[224] SLASKI 2009, s. auch: http://www.berliner-zeitung.de/archiv/einst-verboten--heute-verehrt--ein-besuch-bei-dem-tschechischen-filmemacher-jan-svankmajer-der-letzte-surrealist,10810590,10664592.html [30.09.2012].

[225] Vgl. DE BRUYN 2001, s. auch: http://www.sensesofcinema.com/2001/cteq/ svankmajer/ [30.09.2012].

[226] ŠVANKMAJER zitiert nach MATT 2011, S.9.

[227] ŠVANKMAJER 2002, s. auch: http://www.kinoeye.org/02/ 01/svankmajer01.php [30.09.2012].

Die Einflüsse des Surrealismus und des Symbolismus sind deutlich in seinen Werken wiederzufinden, so auch in seinem ersten Langfilm *Alice* aus dem Jahre 1988. Das Buch *Alice im Wunderland* war aufgrund seines Traumaspektes unter den Surrealisten besonders beliebt. Im Film selbst erzeugte Švankmajer Surrealismus oder eine „Ästhetik des Surrealismus" durch die Verschiebung von Zeit- und Raumgrenzen. Da die Geschichte als Traum angelegt ist und in eben diesem keine narrative Stringenz oder Logik existiert, nimmt die Komposition des Bildes einen merklich wichtigeren Stellenwert ein als die Handlung selbst.[228] Die Verfremdung der Situation und die Verfremdung von Gegenständen stehen dabei stets im Vordergrund. Das Groteske dominiert und schafft somit eine Illusion, in der keiner mehr Traum und Wirklichkeit zu unterscheiden weiß.

Ein weiterer Anreiz zur Verfilmung bot das in *Alice im Wunderland* entworfene Kindheitsbild, in dem die Surrealisten ihre eigenen Vorstellungen untermauert sahen:

> Derselben Forderung, der Realität den Prozess zu machen, gehorcht das Interesse an der Kindheit. Ähnlich wie im Traum ist auch sie in den Augen der Surrealisten ein Ort, wo die verachteten Kategorien der Logik und des gesunden Menschenverstands keine Übermacht besitzen [...].[229]

Švankmajer selbst sah im Rückgriff auf die Kindheit zudem die Möglichkeit, seine eigene Objektbezogenheit aufzugreifen und anzuwenden: „Since children instil toys and other objects with life through imagination, childhood serves as a potent setting for Švankmajer's object resurrections, with Carroll's Wonderland as the most advantageous backdrop."[230]

5.3.2 Švankmajer und die düster-groteske Seite der Kindheit

Švankmajer betrachtet Kindheit wie selbstverständlich als einen Teil von sich selbst, seiner Persönlichkeit. Sie ist nichts Vergangenes, das hinter ihm liegt, sondern in all seinen Handlungen anwesend und von ihr beeinflusst.

Švankmajer erkennt das Kind als fremdbestimmtes Wesen, das der Welt der Erwachsenen hilflos ausgesetzt ist und sich von ihr überfordert fühlt. Dies zeigt sich auch in seiner Ästhetik des Films. Wie bereits zuvor erwähnt, ist Švankmajer nicht nur ein Bewunderer von Edgar Allen Poes düsteren Gothic-Erzählungen, sondern setzt auch selbst Elemente des Gothic in seinen Filmen ein und grenzt damit an den neuen Trend der Wiederbelebung desselben an.[231] Dazu zählt ebenso die Einbindung des Grotesken, wie NEIL CORNWELL sie beschreibt:

---

[228] Vgl. UHDE 2007, S. 63.
[229] TIEDEMANN 1982, S. 10.
[230] REID 2004, S. 217.
[231] Vgl. CHERRY 2002, s. auch: http://www.kinoeye.org/02/01/cherry01.php [30.09.2012].

As a form of artistic representation it may be characterised as a deformation of the real-life, with verisimilitude yielding to caricature, often of human features (e.g. gargoyles), and of plant and animal forms. [...] In literature it often involves freakish appearance or behavior [...].[232]

So erinnert das Wunderland, das er kreiert, mit den dunklen Gängen des alten Treppenhauses und seinen schier endlosen Stufen, nicht an das naturalistische, idealistische Wunderland von Disney mit seinen Blumen und Farben, sondern wirkt bedrohlich und beängstigend. Es gleicht mit seinen klaustrophobischen Raumkonstruktionen vielmehr den dunklen Schlössern und Ruinen aus der Epoche der Gotik. Aus totem Material hergestellte und zum Leben erweckte Figuren bevölkern diese Welt auf ihre ganze eigene, melancholische Weise: Socken, Knöpfe, Gläser, längst aussortierte, missachtete Plüschtiere, kaputt und dahinvegetierend auf dem staubigen Dachboden oder dem kalten Keller, vergessen und verloren, sind Teil dieser Welt. „Im Lebendigen sucht Švankmajer die morbiden Züge, die auf die dunkle Seite der Existenz, das Unheimliche und die verworrenen Wege der Psyche deuten."[233]

Švankmajer verzichtet dabei auf bunt-quietschende Plastik-Konsum-Artikel, sondern verwendet natürliche Materialien für seine Figuren, z.B. handgefertigtes Spielzeug, Puppen und Automaten aus Holz und mit einfachsten Mechanismen versehen.[234] All diese Gegenstände haben aber eine besondere, auch psychologische Bedeutung in Hinblick auf das Innerste des Kindes: "Im normalen Spiel dienen Gegenstände wie Puppen und Stofftiere als Verkörperung verschiedener Aspekte seiner Persönlichkeit, die zu kompliziert, unannehmbar und widersprüchlich sind als daß das Kind mit ihnen umgehen könnte."[235] Viele Kinder weisen Objekten ebensolche Gefühle zu wie Menschen. Sie werden in ihren Augen lebendig, können aber genauso gut Ängste bei ihnen hervorrufen, nämlich dann, wenn in ihren starren Augen der Eindruck der Leere und Leblosigkeit verstärkt wird. Puppen und Plüschtiere erscheinen dann wie Gefangene. So verwandelt sich Alice während ihrer Reise im Wunderland auch mehrfach in eine unbewegliche, steife Puppe, und erfährt so das Leben der Spielzeuge am eigenen Leib. Vielleicht erklärt dies auch ein wenig die Brutalität der Figuren gegenüber Alice, die tagein tagaus nach ihren Regeln leben müssen, von ihr bestimmt werden. Švankmajer erklärt:

> For me, objects are more alive than people, more permanent and more expressive—the memories they possess far exceed the memories of man. Objects conceal within themselves the events they've witnessed. I don't actually animate objects. I

---

[232] CORNWELL 2009, S. 175.
[233] MATT 2011, S. 9.
[234] Vgl. UHDE 1994, S. 30–41, s. auch: http://www.kinema.uwaterloo.ca/article.php?id= 363& feature_[30.09.2012].
[235] BETTELHEIM 1980, S. 67.

coerce their inner life out of them—and for that animation is a great aid which I consider to be a sort of magical rite or ritual.[236]

Die Welt aus Artefakten, Collagen aus Sammlungen verschiedener Kunst- und Kulturgegenstände faszinieren Švankmajer seit jeher. Er selbst hat eine Art eigenes „Wunderkabinett" für sich kreiert.[237] Die Objektbezogenheit Švankmajers ist als Ausdruck der Befreiung zu verstehen. Nicht das, was man sieht und das, wofür das Objekt herkömmlich steht (z.b., die Teekanne zum Teetrinken) ist Mittelpunkt seiner Arbeit, sondern die Möglichkeit, dem Objekt etwas zu entlocken: Erinnerungen, Erleben, Fortleben. All die Erinnerungen, die einem Objekt anhaften, nachdem es angefasst wurde, greift er auf und spinnt sie weiter. Mit der Stop-Motion-Technik kann er diese Objektbezogenheit noch weiter perfektionieren, indem er das Objekt selbst verlebendigt und es durch Handlung „sprechen" lässt.[238]

> These dialogues with childhood, or expeditions into its landscapes, are given the necessary reality of a dream by the technique of animation. Animation can bring the imagery of childhood back to life and give it back its credibility. The animation of objects upholds the truth of our childhood. Children's games with imagery and infantile dreams gain an 'objectively' real dimension which freezes the patronising smile on the lips of all those who consider themselves too grown-up and wise, on the lips of all the clerks of life.[239]

Auch in Alices Zimmer sieht man eine Menge Gegenstände, die zunächst wie eine Aufzählung in schnellen Schnittwechseln gezeigt werden: Kerngehäuse von Äpfeln; tote Käfer, die eingerahmt an der Wand hängen; ein Bild von einem Wolf; ein Hut; ausgehöhlte Schneckenhäuser; ein Tisch mit Keksen und einer Teetasse, in die Alice Steine wirft; daneben eine Ansammlung von Puppen. All diese kinderuntypischen Gegenstände lassen das spärlich beleuchtete Zimmer nicht gemütlich, sondern eher beängstigend und unheimlich wirken.

Zudem sieht man die Isolation des Kindes hier sehr stark. Außer ihren Puppen, ihrem Spielzeug, dem Übermaß an Dingen, die sie wie eine Ersatzfamilie um sich herum versammelt, findet sich nichts, was darauf hindeutet, dass Alice Zuneigung erfährt. Sie wirkt verlassen in ihrem dunklen, kalt wirkenden Zimmer, selbst wie eine Puppe, abgestellt zu dem Spielzeug, mit dem sie sich beschäftigen

---

[236] CHERRY 2002, s. auch: http://www.kinoeye.org/02/01/cherry01.php [30.09.2012].
[237] Vgl. SLASKI 2009, s. auch: http://www.berliner-zeitung.de/archiv/einst-verboten--heute-verehrt--ein-besuch-bei-dem-tschechischen-filmemacher-jan-svankmajer-der-letzte-surrealist,10810590,10664592.html [30.09.2012].
[238] In kaum einem seiner Filme gibt es Dialoge oder sprechen seine Figuren. Diese Art der Vermenschlichung widerstrebt Švankmajer. Vielmehr handeln seine Objekte ohne moralischen Zweck. In ihnen beobachtet er die naive Wiedergabe menschlicher Sehnsüchte, aber auch Ängste und Abgründe, die durch die Sicht des Objekt in all ihrer Grausamkeit und schmerzlicher Wahrheit zum Vorschein gebracht werden. Genau das macht das Groteske in Švankmajers Arbeiten aus. Vgl. APPELBE /KANIA 2009, S. 230f.
[239] ŠVANKMAJER ON ALICE 1987, S. 52.

soll. Mit ihr aber beschäftigt sich niemand. Švankmajer zeigt das Kind in einer Welt, die ihm keinerlei Verständnis entgegenbringt. Man ist zu beschäftigt, zu sehr in seiner eigenen Welt, um die Sorgen, Nöte und Wünsche der Kinder ernstzunehmen oder zu erkennen.

Švankmajer arbeitet stilistisch mit einer sehr eigenwilligen Technik, was seinen Filmen einen speziellen Charakter verleiht. Er verwendet wie Miller harte, schnelle Schnitte, denen die Anschlusslogik fehlt und die die Handlung vorantreiben. Auf diese Weise ergibt sich die natürliche Struktur des Traums. Befand man sich zuvor noch in Alices Zimmer, erklimmt sie mit dem nächsten Schritt einen Berg aus Steinen und Geröll, auf dessen Spitze ein Schreibtisch aus Holz thront.

Außerdem arbeitet Švankmajer mit vielen Detailaufnahmen von Gegenständen, Gesicht oder anderen Körperteilen. Besonders der Mund ist ein wichtiges Merkmal in Švankmajers Filmen, der sich als Surrealist oft auf Freud beruft. Švankmajer widmet sich beispielsweise ausführlich der Darstellung des Essens. Beim Hinabgleiten ins Wunderland mit einer Art Fahrstuhl greift Alice nach einem Glas Marmelade und nascht davon. Ausführlich wird dies in seinem Film dokumentiert. Die Beschäftigung mit der Thematik des Naschens und Essens kann man sich so erklären, dass Kinder sich durch Süßigkeiten oder dem Naschen, das – so wie viele andere Handlungen im Kinderleben – ebenfalls von den Eltern bestimmt wird, auf diese Weise der Kontrolle der Eltern entziehen. Denn wie CAROLYN DANIEL bemerkt: „Eating, and specifically the cultural imperative to eat correctly, is a significant means by which society controls individual identity....One of the most fundamental cultural messages that children have to learn concerns how to eat correctly.“[240] Auch NINA AUERBACH geht dieser Thematik in ihrer Arbeit über *Alice im Wunderland* (1973) nach und beschreibt dabei Carrolls Vorliebe für die Thematik des Essens mit der Erklärung MARTIN GARDNERs, dass Kinder vom Essen geradezu besessen sind.[241] AUERBACH findet aber noch einen anderen Erklärungsansatz:

> [...] throughout his life, he [Lewis Carroll, Anm. des Autors] seems to have regarded eating with some horror. [...] Throughout his life, Carroll was obstemious at meals, according to his nephew and first biographer, Stuart Dodgson Collingwood: 'the healthy appetites of his young friends filled him with wonder, and even with alarm.'[242]

Švankmajers Filme sind sehr überladen, was sich aus der Collagetechnik ergibt. Man muss sie genau beobachten, um nicht den kleinsten Hinweis zu übersehen. So finden wir in Alices Traum alles wieder, was vorher schon in ihrem Kinderzimmer gezeigt wird – ob nun die Puppe, in die Alice sich verwandelt oder die

---

[240] DANIELS zitiert nach STEEL 2012, S. 33.
[241] Vgl. AUERBACH 1973, S. 39f.
[242] Ebd., S. 40.

Teetasse, aus der später der Hutmacher trinken wird. Nichts ist hier dem Zufall überlassen. Betrachtet man den Traum als ein Sammelsurium von abgelegten Gefühlen, Gedanken und Erfahrungen, Erinnerungen, die nie bewusst wahrgenommen worden sind, sondern direkt ins Unterbewusstsein gelangten, so versteht man auch Švankmajers Ambitionen, sich filmisch genau dieser Mittel – der Collage – zu bedienen, und so dem Traum genau das Gesicht zu verleihen, welches es trägt.

Für Švankmajer ist Kindheit nicht verbunden mit der Schönheit und Unschuld, die ihr normalerweise zugesprochen wird, sondern er erkennt das Abgründige, das Desillusionierende, das Vergängliche, das hinter der Schönheit der Welt steckt.[243]

> To view childhood as a lost paradise of a kind is rather distorted. Our coming into this world itself was probably far from pleasant. Added to which childhood is full of prohibitions, injustices and cruelty. Children themselves cannot wait to grow up (which is just as wrong on their part as the idealization of childhood which comes upon us in our old age.) No one can be as cruel as a child. I have no intention of denounce my own childhood. I am just trying to preserve an ever "active" relationship with it. Maybe I am still fighting with it.[244]

Für Kinder sind die Erfahrungen, die sie in der Welt, in ihrer Umgebung machen, nicht nur erfreulich und aufregend, sondern durch das Unbekannte, das ihnen entgegentritt, auch beängstigend. In Švankmajers Filmen wird genau diese Angst, die Bedrohung, die selbst von kleinsten, alltäglichen Dingen ausgeht, aufgenommen und verarbeitet. Die Reise, die Alice durchläuft ist nicht erheiternd wie bei der Disney-Version, sondern verstörend. Zwar sind es nur Alltagsgegenstände, die Alice verletzen und verfolgen, aber darin besteht ihre Grausamkeit. Es ist nicht das Außergewöhnliche, selten eintretende, vor dem man sich fürchten kann oder muss, sondern für Kinder ist es bereits das, was wir als gewöhnlich empfinden. Dabei trägt genau dies den größten Schrecken in sich. Das ist es, was Švankmajer entlarvt und wofür er dem Zuschauer die Augen öffnet. Um dies zu erkennen, muss er aber selbst wieder in die Kindheit zurückversetzt werden. Denn nur in der Erinnerung an die eigene Kindheit kann man die Grausamkeit der damaligen Zeit erneut erfahren.

> [...] childhood is quite a dark place. And if you think back to being young, childhood is a lot about having nightmares and having massive fears about things. And when you grow up you almost forget that you used to feel that way.[245]

Die Brutalität und Grausamkeit, die im Film zum Teil auf Alice einwirkt, wie die Schläge durch das weiße Kaninchen oder das Köpfen des Märzhasen und des Hutmachers auf Anweisung der Herzkönigin, das nicht nur angedeutet wird,

---

243 Vgl. DRYJE 1995, S. 129.
244 ŠVANKMAJER 1994, S. 85f.
245 MATT LUCAS zitiert nach SALISBURY 2010, S. 26.

sondern tatsächlich geschieht, könnte man als destruktiven Aspekt der kindlichen Seele beschreiben. Denn das Geschehen spielt sich in Alices Kopf ab. Sie steuert es. Es ist ihre Welt, von ihr erschaffen. „You must close your eyes, otherwise you won't see anything." So spricht Alice den Zuschauer zu Beginn des Films an. Für ihn ein Zeichen dafür, dass es sich hierbei tatsächlich um ein Traumgebilde von Alice handelt. Das Geträumte oder Phantasierte wird auch daran erkennbar, dass Alice so gut wie alle Charaktere selbst spricht und damit als Erzählerin fungiert, der sich die Figuren fügen müssen. Es ist hier aber Teil dessen, was zum imaginierten Spiel des Kindes gehört, wie PIAGET sagen würde.

> Der Konflikt zwischen Gehorsam und individueller Freiheit ist z.B. das Kreuz der Kindheit. Im wirklichen Leben jedoch wird dieser Konflikt nur gelöst durch Unterordnung, Opposition, oder durch Kooperation, die zwar auch eine Menge Opfer abverlangt. Im Spiel dagegen werden die unzweideutigsten Konflikte derart verarbeitet, daß das Ich Revanche nimmt, sei es durch Unterdrückung des Problems, sei es, daß eine annehmbare Lösung gefunden wird. [...] in seinem Spiel unterwirft sich das Ich die ganze Welt, um sich vom Konflikt zu befreien [...].[246]

Am Ende des Films, als Alice aus ihrem Traum erwacht und den leeren Kaninchenkäfig entdeckt, sagt sie zu sich selbst: „I think he's late as usual. I think I'll cut his head off."[247] Sie agiert und denkt in dieser kurzen Szene wie die Herzkönigin und lässt den Zuschauer erkennen, dass sie, das junge, unschuldige Kind, selbst die Königin ist, so wie sie jeder ist, von dem sie geträumt hat. Alles davon ist Teil ihrer eigenen Persönlichkeit. Alles davon ist Teil ihrer eigenen Phantasie. Auch im Gerichtssaal wird dies sehr deutlich, als die Königin befiehlt, Alice den Kopf abzuschlagen. Alice fragt daraufhin: „Which one?"[248] und mit jedem Kopfschütteln wird ihr Kopf durch den Kopf all derjenigen ersetzt, die ihr zuvor begegnet sind. Diese letzte Szene, die die Grausamkeit des Kindes porträtiert, zeigt, dass für die Surrealisten keine kindliche Unschuld existiert.

> In Švankmajer's world, as we have noted, there is no innocence: childhood is not a privileged state. Or at least if it is, it is by reason not of its innocence but through its character of play, although it is a play with little that is reassuring about it, since it is situated in fear and desire. There is no security in a child's world: it is a world that is menaced from outside, through the intervention of adult reality as well as by capture by the inanimate world [...].[249]

Diese Brutalität und Grausamkeit, das „Böse" im Kind, das Anfang der 90er immer mehr zum Thema in den Medien, in Filmen und der Gesellschaft wurde, mag für einige Zuschauer erschreckend erscheinen. Es zeigt aber auch eine Entwicklung der damaligen Zeit, in der die Erwachsenen sich immer mehr vor der Kultur der Kinder, vor der Trennung der Welten von Kindern und Erwachsenen

---

[246] PIAGET 1969, S. 192.
[247] CHANNEL FOUR FILMS / CONDOR FILMS 1988, TC: [01:25:00].
[248] Ebd., TC: [01:23:14].
[249] RICHARDSON 2006, S. 129.

fürchteten. Auch Švankmajer zeigt die Abgründe im Kind und in der Wahrnehmung des Kindes von seiner Welt. Anders als bei Disney ist in seinem Film keine Wärme oder Liebe von außen zu spüren. Die Sicherheit von Disneys Alice ist in ihrer Realität gegeben. Denn obwohl die Schwester mit ihr schimpft, wird sie doch von ihr behütet. Švankmajers Alice erlebt dies nicht. Stattdessen steht das Thema Misshandlung der Anfangsszene zur Debatte, als die Schwester nach ihrer Hand schlägt, was Alice auch durch ihren Traum schmerzlich verfolgt.

Alice gilt als Kinderfilm, allerdings nur in der Hinsicht, dass Švankmajer einen Film aus Sicht eines Kindes dreht und sich seiner surrealistischen, ästhetischen, kindlichen (Traum)logik bedient. Im pädagogischen Sinne würde man ihn aufgrund der obigen Beschreibung als nicht kindgerecht einstufen. Demnach beginnt auch der Film selbst mit einer Titel-Zwischenblende, die da lautet: „Made for children. Perhaps."[250] Der Film ist also nicht unbedingt ein Kinderfilm, sondern aus der Sicht eines Erwachsenen konzipiert, der sich an seine Kindheit erinnert und dieser – seiner Natur folgend – sowohl Fantasie als auch Schrecken hinzufügt. Der Film ist sehr artifiziell, auf eine Art, wie sie für Kinder noch nicht verständlich ist. Kinder selbst erleben diese Art der Kindheit möglicherweise so, wie Švankmajer sie zeigt, aber sie können sie nicht auf diese Weise erklären. Er zeigt kein reales Abbild der Kindheit, sondern nur eine Vorstellung dessen. Er gräbt in den Tiefen der Kindheit, um aus ihr das Kindliche wieder auferstehen zu lassen, ohne zu idealisieren oder zu romantisieren.[251] In der Kindheit erkennt er die Probleme, die einen auch als Erwachsenen begleiten. Außerdem zeigt er Alice als Beispiel eines Kindes in einer Welt, in der der Traum noch von Bedeutung ist, weil man mit ihm der Einsamkeit und der Langeweile entfliehen kann, und im übertragenen Sinne darin die Brutalität des Lebens verarbeiten kann. Doch für Švankmajer ist der Traum aus der westlichen, hochtechnologisierten und rationalen Welt verschwunden, obwohl er seiner Meinung nach so wichtig für die Erhaltung der Phantasie und des Lebens ist.[252]

Der Film selbst wurde bei der Veröffentlichung nicht sonderlich gut aufgenommen. In seinem Heimatland fand er aufgrund der angespannten, politischen Lage kaum Interesse, in der Schweiz rebellierten Eltern gegen den Film und verließen gar mit ihren Kindern das Kino.[253]

---

[250] CHANNEL FOUR FILMS / CONDOR FILMS 1988, TC: [00:01:46].
[251] SCHMITZ 2011, S. 100–102.
[252] Vgl. ŠVANKMAJER ON ALICE 1987, S. 52f.
[253] Vgl. HAMES 1995, S. 113.

5.3.3 Transformation und Metamorphose als Zeichen der kindlichen Identitäts-krise

> „Du bist es nicht – Doch Ich bin
> Du."
>
> *(Richard Dehmel)*

Das Traummotiv bei *Alice im Wunderland* sagt viel über die Identitätsfrage des Kindes aus, besonders in Švankmajers Verfilmung. Im Traum fällt man sehr häufig ins Bodenlose, in ein schwarzes Nichts, ein dunkles, undurchdringliches Loch, das eine innere Leere ausdrücken kann. Viele Psychoanalytiker sehen im Traum über das Fallen auch einen Hinweis auf Loslösung vom eigenen Ich, der Abspaltung des Ichs oder einen Konflikt mit dem eigenen Ich. Doch besteht auch die Möglichkeit, dass mit dem Fall, dem Abstreifen des ungeliebten Teils der eigenen Persönlichkeit, ein neuer Teil entstehen kann. Es ist sozusagen ein Prozess des Vergehens und Werdens.[254]

Wenn man sich nun in Hinblick auf diese These kurz mit dem Begriff der „Identität" auseinandersetzt, stellt man fest, dass es ganz unterschiedliche Auf-fassungen, Theorien und Definitionen darüber gibt, was das „Ich" eines Lebewesens ausmacht. Dies ergibt sich aus der Tatsache, dass Identität etwas Nicht-Greifbares ist. Das Wissen um das eigene Bewusstsein verankert sich ledig-lich in einem subjektiven „Selbst" – bzw. „Ich"-Gefühl, dessen Herkunft aber weiterhin ungeklärt ist.

Aus der Fülle der Definitionen ist eine der fundiertesten aber wohl die des Psychoanalytikers ERIK H. ERIKSON, einem Schüler des SIGMUND FREUD. ERIKSON befasste sich in seinen Untersuchungen mit der (personalen) Identitäts-entwicklung[255] und erstellte dabei ein Lebenszyklusmodell in acht Phasen, erin-nernd an das psychoanalytische Entwicklungsmodell Freuds. Seiner Auffassung nach ist Identität „[...] das dauernde innere Sich-Selbst-Gleichsein, die Kontinui-tät des Selbsterlebens eines Individuums."[256] Man ist unverändert mit sich selbst im vollkommenen Einklang, ruht in sich, akzeptiert und respektiert, erkennt und liebt sich. ERIKSON sah die wechselseitige Einflussnahme von Individuum und Gesellschaft als wichtiges Kriterium für die Ausbildung der menschlichen Identi-tät an.

Ergänzend kann man daher zur vorangestellten Definition festhalten, dass Identität „[...] das Bild [ist, erg. d. Verf.], das wir von uns haben, und gleichzeitig das Bild, das uns andere über uns vermitteln [...]."[257] Die Identität eines Menschen ist dabei nicht von Geburt an gegeben, sondern entwickelt sich bis ins

---

[254] Vgl. HOPF 2007, S. 144f.
[255] Für Erikson waren *Ich-Identität* und *personale Identität* synonym zu verwenden.
[256] ERIKSON 1980, S. 18.
[257] BERG 2001, S. 7.

Erwachsenenstadium hinaus weiter, ist also ein „[...] höchst fluktuierender Zustand."[258] So machte ERIKSON anhand seines Modells deutlich, dass der Übergang von einer Lebensphase in die nächste durch psychosoziale Krisen gekennzeichnet ist, die durchlaufen und im besten Falle überwunden werden müssen. Nur daraus könne der Mensch positive Aspekte für seinen weiteren Lebensweg ziehen. Werden derartige Krisen jedoch nicht durchstanden, so hat dies negative Auswirkungen auf kommende, zu bewältigende Krisen zur Folge. Im schlimmsten Falle drohe der vollständige Identitätsverlust.

In Abgrenzung zur *personalen Identität* steht die *soziale Identität*, die allerdings unmittelbaren Einfluss auf das Selbstbild nimmt. Nach TAJFEL (1982) ist sie

> [...] derjenige Teil des Selbstkonzepts eines Individuums, der aus dessen Wissen über seine Zugehörigkeit zu einer sozialen Gruppe (oder Gruppen), verbunden mit dem Wert und der emotionalen Bedeutung, die dieser Gruppenmitgliedschaft beigemessen wird, erwächst.[259]

Die Identifikation findet dabei anhand der eigenen Rolle innerhalb eines bestehenden sozialen Systems statt sowie anhand der Stellung des Systems im Vergleich zu anderen sozialen Systemen. Nur anhand des Ausgangs dieses Vergleiches lässt sich für das Individuum feststellen, ob und wie es in einem bestimmten System verankert bleiben möchte oder ob es zu einer Neuorientierung kommen muss, um sich selbst wieder mit sich identifizieren zu können.

Der Psychologe und Philosoph GEORGE H. MEAD greift dies in seinem Werk *Geist, Identität und Gesellschaft* (1973) auf und überträgt es auf die Identitätsentwicklung beim Kind. So geht er davon aus, dass Kinder zu Beginn ihres Lebens noch keine eigene Identität besitzen. Sie entwickeln diese erst im Laufe ihres Lebens. Damit sich eine Identität aber entwickeln kann, bedarf es einiger Voraussetzungen. MEAD beschreibt, dass das Kind oder jeder Einzelne in der Lage sein muss, sein Verhalten an die gesellschaftlichen Bedingungen, die ihm gegeben sind, anzupassen und mit ihnen zu interagieren. Dies funktioniert aber nur, wenn die Regeln und Handlungen des gesellschaftlichen Lebens verstanden und akzeptiert worden sind. Der Einzelne muss also auch in der Lage sein, nicht nur sich selbst nach außen zu tragen, sondern auch alle anderen Haltungen und Regelungen auf sich zurückführen zu können, um sich als Teil einer Gemeinschaft und in dieser als Individuum zu betrachten.[260]

Nach ERIKSON hilft nun das Spielen in der Kindheit beim Festigen der sozialen Rollen. Er sieht den Sinn des Spiels eines Kindes vor allem darin, dass man im Spiel lernen kann, sich und seine Rolle im sozialen Gefüge zu testen und zu begreifen. Die sozialen Strukturen werden auf diese Weise festgelegt und

---

[258] FREY / HAUSSER 1987, S. 11.
[259] TAJFEL 1982, S. 102.
[260] Vgl. MEAD 1973, S. 197f.

erprobt und soziale Normen und Regeln angeeignet.[261] „Im Spiel gelingt es dem Kind, reifer zu sein und zu handeln, als es seinem kalendarischen Alter entspricht; es wächst über seine üblichen Alltagskompetenzen hinaus, so als ob es einen Kopf größer wäre."[262]

Die Gefahr der *sozialen Identität* besteht aber darin, sich vollkommen auf eine bestimmte Gruppe zu versteifen, sich nur noch über sie und seine dortige Stellung zu definieren, und sich nicht mehr als eigenständige Persönlichkeit wahrzunehmen bzw. sich seiner eigenen Rolle nicht mehr sicher zu sein. Dies käme einer Identitätskrise gleich.

Nach CULLBERG (1987) bezeichnen Identitätskrisen „[...] den Verlust des seelischen Gleichgewichts, den ein Mensch verspürt, wenn er mit Ereignissen und Lebensumständen konfrontiert wird, die er im Augenblick nicht bewältigen kann."[263] Als Folge daraus kommt es zu einer Selbstentfremdung, der Nicht-Identifizierung mit früheren oder noch ausgeübten Handlungs-, Lebens- und Arbeitsweisen. Dies alles kann letztlich zu einem Rückzug aus dem alltäglichen Leben führen und damit zu einer sozialen Vereinsamung und völliger Resignation.

Ob es überhaupt zu einer Krise kommt bzw. in welchem Maße die Krise auftritt, ist dabei abhängig von der subjektiven Einschätzung der Situation: Inwieweit bedrohen die jeweiligen Umstände die eigene Person? Wie viele Handlungsmöglichkeiten zur Überwindung des Problems gibt es? Und führt dieses Handeln sicher zum Erfolg oder besteht die Gefahr eines Misserfolges?

Angewandt auf das Kind bzw. Alice, die hier das Kind verkörpert, ist die Identitätsentwicklung bei ihm von großer Wichtigkeit. Denn Alice befindet sich in einem Schwebezustand zwischen Kindsein und Erwachsenenwelt, zwischen Loslösung und Zugehörigkeit zu einer der beiden Welten.

Zu Beginn des Films wird dieser Schwebezustand dadurch verdeutlicht, dass Alice in der realen Welt nicht ernstgenommen wird. Ihre Schwester liest in einem Buch und verweigert ihr die Teilnahme. Als Alice diese direkt einfordert, wird sie bestraft und in ihr Zimmer gesperrt. Das Kind wird als Unruhestifter dargestellt, als jemand, der die Welt noch nicht begreift, der die Ernsthaftigkeit des Lebens nicht versteht, die geordnete Welt durcheinander bringt und dadurch ein Klotz am Bein des Erwachsenen zu sein scheint. Man traut dem Kind nichts zu und möchte es auch nur ungern integrieren.

Diese Art der Identitätskrise bzw. da noch keine Identität vollkommen entwickelt ist, die Frage danach, welche Identität, welche Art der Zugehörigkeit, entwickelt werden soll, lässt sich als Problem für das Kind in seinem stetigen

---

[261] Vgl. FOOKEN 2012, S. 40.
[262] WYGOTSKI zitiert nach FOOKEN 2012, S. 40.
[263] CULLBERG zitiert nach SONNECK 2000, S. 15.

Schrumpfen und Wachsen ausmachen. Dies lässt sich folgendermaßen erklären: Das Wachstum spielt beim Kind eine große Rolle, denn es begleitet es durchweg durch seine gesamte körperliche Entwicklung. Die Umgebung, in der es aufwächst, ist nicht auf das Kind ausgerichtet. Alles ist zu groß, überdimensional, es kann häufig Tische und Gegenstände nicht erreichen. In jungen Jahren wächst es außerdem viel zu schnell aus seiner Kleidung heraus. Insofern ist vielleicht auch Alice ständiges Wachsen und Schrumpfen als Hinweis darauf zu sehen, dass Alice nicht ganz in die Welt passt, in die sie hingehören soll. Sie ist entweder zu groß oder zu klein, sie macht den anderen entweder Angst oder wird von ihnen herablassend, wenn nicht gar feindselig behandelt. Sie kann es keinem Recht machen. Schrumpft ein Kind also, so tut es etwas, das nicht „normal" ist, das seinem Alter nicht entspricht. Wächst es zu schnell, bricht es damit ebenfalls die Regeln, und tut etwas Böses.[264]

Betrachtet man nun die (Traum-)Welt von Alice, so findet man sich zum Teil in einer Art Puppenwelt wieder, die auf Miniaturisierungen der Erwachsenwelt beruhen. Man geht davon aus, dass Kinder auf diese Weise „ihre eigene Kleinheit und Minderwertigkeit zu kompensieren"[265] suchen. Sie haben so die Möglichkeit, die Rollen zu vertauschen und über die Welt der Erwachsenen zu herrschen, die plötzlich selbst nach den Regeln der Kinder agieren müssen.

Die Puppe hat aber auch noch eine andere wichtige Funktion in Švankmajers Verfilmung. Die Puppe, die zu Beginn in Großaufnahme gezeigt wird, verdeutlicht hier bereits die Identifikation mit derselben, die sie später noch in größerem Maße erlangen wird, wenn nämlich Alice selbst zu einer Puppe mutiert. In der ersten Szene des Films sieht man Alice beispielsweise Steine in einen Bach werfen, die sie in ihrem Kleid aufbewahrt. Später dann trägt die Puppe in ihrem Kinderzimmer das gleiche Kleid und Alice legt dieser, wie zuvor bei sich selbst, die Steine ins Kleid. Dies könnte ein Hinweis darauf sein, dass Alice sich selbst wie eine Puppe fühlt, die man herumkommandiert, über die man verfügen, die man einsperren kann. Die Puppe kann aber auch für Entwicklung und Befreiung stehen:

> Zum anderen gibt es aber auch die zoologische Konnotation des Begriffs Puppe, der für *Larve* steht, und das Entwicklungsstadium der Verpuppung im Zuge der Metamorphose von Insekten beschreibt. [...] Kamen Mädchen in der hellenistischen Zeit ins heiratsfähige Alter, *entpuppten* sie sich. Indem sie ihre Lieblingspuppen einer der drei zentralen Göttinnen opferte; [...]. Diese Opfergabe bedeutet, dass die Lebensphase der Kindheit abgelegt wird und ein neuer Lebensabschnitt, der als Frau, beginnt.[266]

---

[264] Vgl. MATTHEWS 1995, S.41f.
[265] FOOSKEN 2012, S. 101.
[266] Ebd., S. 46.

Auch in dem Film wird Alice einmal als Puppe mumifiziert und befreit sich aus dieser Vermummung. Zwei Motive sind hier wichtig: Zum einen wird die Neugierde des Kindes bestraft. Die Naivität und die Verlockung, der es sich ausgesetzt fühlt, werden in gewisser Weise moralisiert. Zum anderen finden wir hier das Doppelgänger-Motiv wieder. Die Puppe als Ich, als das Andere meines Selbst, das Böse, Unentdeckte in mir, das mit aller Gewalt herausbricht.

Insgesamt wirkt die Darstellung der leblosen Puppen somit unheimlich. Die Puppe erscheint hier nicht als treuer Begleiter des Kindes in der Kindheit, sondern wird nur benutzt, um sich selbst in einer Situation zu zeigen, in der man sich gefangen fühlt.

> So hat der Spiegel- und Projektionscharakter der Puppe über Jahrhunderte hinweg in bestimmten künstlerischen Epochen immer wieder einen Sog irritierender, surrealer Faszination und eine Aura des *Unheimlichen* ausgelöst.[267]

Es ist im Grunde nicht die Frage, was Kindheit in Švankmajers Film *ist*, sondern vielmehr was Kindheit für ihn *bedeutet*, wofür sie steht und was sie ausdrücken soll. Das Bild, das er von der Kindheit konzipiert, soll aufrütteln. Seine ganze eigene Verbindung zur Kindheit zeigt sich in diesem Film. Anders als seine Vorgänger beschreibt er ein objektbezogenes, ambivalentes Kindheitsbild, welches nichts mehr mit dem unschuldigen Kindheitsbild vereinbar ist, das Disney oder aber auch Miller erzeugen. Švankmajer erkennt Kindheit als Ort der Düsternis, der Ängste und des Ungewissen, das mit Übermacht auf das Kind hereinbricht und dem es nicht entkommen kann. Idylle wird abgelöst von Desillusion, erhabene Resignation von dem Wunsch nach Aufklärung. Zurück bleibt einzig das Bild eines verstörten Kindes – Verstörung über das, was es umgibt und über das, was es sein soll.

---

[267] FOOSKEN 2012, S. 51.

5.4 Die Rückkehr zur Kindheit als Ausdruck von Freiheit und Emanzipation in Tim Burtons *Alice im Wunderland* (2010)

Tim Burton ist einer der bekanntesten und beliebtesten Filmemacher der heutigen Zeit. Er ist bekannt als „the high priest of gothic, an apostle of the macabre, a champion of the bizarre, the bogeyman of spoilt children everywhere [...]",[268] gilt aber aufgrund seiner Affinität zu düsteren Märchen, seiner großen Vorstellungskraft sowie seines visuellen Talents heute auch als „a modern-day Walt Disney".[269] Maßgeblich beeinflusst wurde er nach eigenen Angaben jedoch von Jan Švankmajer.[270]

Die meisten seiner Filme beschäftigen sich mit heranwachsenden Jungen, die sich als Außenseiter mit den Widrigkeiten ihrer Umwelt befassen müssen und sich dem Morbiden oder Düsterem widmen, von deren Tiefgründigkeit sie sich fasziniert und angezogen fühlen.

Als Ursache für dieses immer wiederkehrende Motiv des kindlichen oder adoleszenten Außenseiters wird oftmals Burtons eigene Kindheit herangezogen.[271] Geboren wurde dieser im Jahre 1958 in Burbank, einem kleinen Vorort von Los Angeles. Er selbst war ein Außenseiter, hatte nur wenig Freunde und zu seinen Eltern kein besonders gutes Verhältnis. In relativ jungen Jahren zog er deshalb zu seiner geliebten Großmutter. Sein liebster Spiel- und Rückzugsort war der Friedhof. Auch hatte er damals schon eine besondere Vorliebe für die bekannten Vampir- und Monsterfilme der Hammer Studios.[272] Aufgrund seines Hangs zum Düsteren und Grotesken sowie seiner Hingezogenheit zur Gothic-Szene war er in seiner Kindheit vielfach Vorurteilen ausgesetzt. Es ist daher nicht verwunderlich, dass Tim Burton in seinen Filmen oftmals einen Bezug zu seiner eigenen Kindheit herstellt und sie auf diese Weise verarbeitet.

Auf den ersten Blick passt die Geschichte der kleinen, geschwätzigen Alice, die in ein farbenfrohes Wunderland eintaucht, also nicht in Burtons bisheriges Oeuvre und weicht von seinem eigentlichen Stil ab.[273] Die Drehbuchautorin Linda Woolverton veränderte die Geschichte um Alice daher so, dass sie Burtons Vorstellungen mehr entsprach, d.h. sie konstruierte eine Alice „having an overtly melancholy relationship with her own childhood."[274]

---

[268] DE BAECQUE 2011, S. 7.
[269] TODD zitiert nach SALISBURY 2010, S. 26.
[270] Vgl. MATT 2011, S. 7.
[271] Vgl. HEGER 2010, S. 15f.
[272] Vgl. FERENCZI 2010, S. 7–9.
[273] Burton selbst gesteht sogar, dass ihm das Buch in seiner Kindheit eher wenig geläufig war. Vgl. HEGER 2010, S. 339.
[274] Vgl. FERENCZI 2010, S. 207.

Tim Burtons Version unterscheidet sich deshalb auch signifikant von den anderen Versionen, und zwar insofern, als dass er die Geschichte um die junge Alice nicht nacherzählt, sondern sie wesentlich freier interpretiert.

> [...], one of the most interesting things to me about *Alice in Wonderland* is that despite being such a popular story, and despite being frequently adapted in the past, I've never seen a movie version that I've really liked or felt has truly captured Carroll's world [...]. Other than that, every straight version of Alice in Wonderland hasn't worked [...] because they're mainly just a series of weird events with a passive and annoying little girl wandering around having adventures with weird characters that don't go anywhere. Not even Disney's animated version, as beloved as it is. For me, it had no emotional weight to it.[275]

Tim Burton erklärt in diesem Zitat, warum er der Geschichte von Alice einen neuen Rahmen geben wollte. Er wollte ihr damit *den* Sinn verleihen, den Carroll ihr eigentlich zugedacht hatte. Mit seiner Neuinterpretation durchbricht Burton die episodenhafte Struktur von Carrolls Klassiker[276], welche sich filmisch ungünstig auf die Dramaturgie der Geschichte auswirkt. *Alice im Wunderland* ist nämlich zu allererst ein Werk der Sprache, ein Werk des Spiels mit der Sprache, mit Logik und Verweisen, Rätseln und Symbolen. Die Schwierigkeit für einen Regisseur besteht darin, sich davon zu lösen und neue, visuelle Ansatzpunkte zu finden, diese ins Bildliche zu übersetzen und zu transportieren. Den wenigsten ist dies gelungen. Sie versuchten, nicht über das Bild und die Symbolik das Werk zu erzählen, sondern sich den Sprachwitz Carrolls anzunehmen und genauso wiederzugeben. Daran scheiterten aber die meisten Verfilmungen. Tim Burton liefert nun mit der Hintergrundgeschichte um Alice diesen Rahmen und erzählt ihre Geschichte damit vollkommen neu.

Die Geschichte spielt einige Jahre nach den Abenteuern von *Alice im Wunderland*. Alice ist bereits 19 Jahre alt, also fast erwachsen. Sie soll gemäß ihres Alters und Standes verheiratet werden. Dies jedoch löst in ihr eine Gegenreaktion aus, die sie noch einmal in ihr Wunderland zurückkehren lässt, oder anders ausgedrückt: zurück in die Kindheit. Mithilfe ihrer alten Weggefährten findet sie zu sich und ihrer inneren Stärke zurück. Es geht bei Burton also um eine „Rückkehr zur Kindheit", wie nachfolgend aufgeschlüsselt werden wird.

Bei der Untersuchung des entworfenen Kindheitsbildes ist allerdings noch anzumerken, dass Tim Burton bei diesem Film keine gänzliche, kreative Freiheit gewährt wurde, sondern er sich einigen Vorgaben des Disney-Konzerns unterwerfen musste, mit dem er hier erstmals wieder zusammenarbeitete.[277]

---

[275] BURTON zitiert nach SALISBURY 2010, S. 1–3.
[276] Vgl. HEGER 2010, S. 340f.
[277] So kreiert Burton hier ein typisches Happy-End nach Disney-Standards, obwohl er in vielen seiner Filme, die sich auch an Kinder und Jugendliche richten (z.B. sein Kurzfilm Vincent oder

5.4.1 Alice als Verkörperung des postmodernen Jugendlichen

Dass wir es bei Tim Burtons Alice im Wunderland nicht mit einer idyllischen und sorgenfreien Kindheit zu tun haben, wird gleich am Anfang des Films deutlich. Dieser beginnt mit dem Vorspann, der Ort und Zeit definiert: Die Kamera gleitet in Rückwärtsbewegung über das in der Dunkelheit und im Nebel liegende viktorianische London bzw. England, während eine spannungsgeladene, energische und doch düstere Musik die Luft erfüllt. Die Kamera kommt vor einem prächtigen, herrschaftlichen Anwesen zum Stehen, und fährt dann auf ein hell erleuchtetes Fenster zu, hinter dem sich Schatten bewegen. Ein Schnitt führt uns direkt in das Zimmer hinein, wo Alices Vater mit einigen Geschäftspartnern verhandelt. Er will seine Handelsroute nach Asien ausweiten, trifft damit jedoch nicht auf Zustimmung. Das Gespräch wird jedoch jäh unterbrochen, als die kleine Alice den Raum betritt. Es bedarf ihrerseits keiner Worte, der Vater weiß sofort, dass ein Alptraum sie aus dem Schlaf gerissen haben muss.

Burton untergräbt hier die Vorstellung von der kindlichen Sorglosigkeit ebenso wie Svankmajer, indem er Alice als ein Mädchen zeichnet, das keine Freude an ihren Träumereien hat, sondern stark darunter leidet und gar ihren Verstand in Gefahr wähnt, wie sie später ihrem Vater mitteilt. Mit diesem fühlt sie sich außerordentlich verbunden. Wie nah sie sich stehen, zeigt sich im liebevollen Umgang miteinander. Die Sequenz, in der Vater seine Tochter zurück ins Bett bringt, um sie zu trösten, ist ganz in warmen Farben gehalten. Man erkennt und spürt die Sorgfalt, mit der der Vater seine Tochter behandelt. Sie stehen sich sehr nahe und teilen die gleichen Visionen, Träume und Vorstellungen.

Gleichzeitig leiden beide aber auch unter den Repressalien der Gesellschaft, unter der Begrenzung des geistigen Horizonts derselben, die im gesellschaftlichen Miteinander offengelegt wird. Doch während Alice aufgrund des gesellschaftlichen Drucks und den Erwartungen, die man an sie hat, verzweifelt, widersetzt sich der Vater den Skeptikern mit Gelassenheit: „Das Unmögliche zu schaffen, gelingt einem nur, wenn man es für möglich befindet."[278] Alices Vater ist unverkennbar ein Träumer und Visionär, der seine Träume allerdings auch wahrmachen will und dies auch seiner Tochter vermitteln möchte. Es zeigt, dass es der Vater gewesen sein muss, der wollte, dass seine Tochter die Freiheit des Geistes zu schätzen lernt, und es ihm erlaubt, sich auszudehnen.[279] Scherzhaft erklärt er nämlich auf die besorgte Frage Alices, ob sie den Verstand verliere: „Ich fürchte, ja. Du hast eine Meise, bist verrückt, nicht bei Sinnen."[280] Aber, so der Vater

---

Edward mit den Scherenhänden), kein typisches Happy-End, sondern ein trauriges, morbides Ende mit problematischen Inhalten konstruiert. Vgl. ebd., S. 346f. sowie BOOKER 2010, S. 118.
[278] WALT DISNEY PICTURES 2010, TC: [00:01:22].
[279] Vgl. RIVERA 2012, S. 46.
[280] WALT DISNEY PICTURES 2010, TC: [00:02:27].

weiter, „das macht eben die Besten aus."[281] Für Alice ist ihr Vater in dieser Zeit der Ungewissheit der einzige Halt. Im Hutmacher wird sie diese Ideen ihres Vaters später wiederentdecken. Dieser symbolisiert für sie

> [...] the manifestation of the wonderfully mad ideas she has been hatching all her life. The Mad Hatter is her alter-ego, or perhaps the person she is deep down, who could exist so colorfully and unpredictably in this sub-world thanks to Alice's father's endorsement. Therefore Alice must save the Hatter to save her own identity.[282]

Diese Anfangsszene macht bereits deutlich, wie wenig Alice in ihre Zeit hineinpasst, wie wenig sie dem angepassten, viktorianischen Kind entspricht, das man sich damals gewünscht hätte. Vielmehr erkennt man in ihren unterdrückten Wünschen und Vorstellungen den postmodernen Geist heutiger Kinder und Jugendlicher. Auch im weiteren Verlauf des Films wird man immer wieder auf die Gegensätze zwischen Alice und ihren Mitmenschen treffen.

Der nächste Schnitt im Film führt den Zuschauer vorwärts in die Zeit. Es sind seit jener Nacht sieben Jahre vergangen. Alice ist mittlerweile 19 Jahre alt und mit ihrer Mutter in einer Kutsche unterwegs zu einer offiziellen Feier. Betrachtet man Alice genauer, fällt auf, dass sie sehr blass ist. Dunkle Augenringe verleihen ihr ein kränkliches und zerbrechliches Aussehen. Sie berichtet erneut in Sorge von dem schlechten Schlaf und dem Alptraum, der sie seit Jahren zu verfolgen scheint. Man erfährt außerdem vom Tod des Vaters.

In dieser Szene wird deutlich, wie stark Alice gegen die Regeln ihres eigenen Standes rebelliert. Sie weigert sich, ein Korsett zu tragen, obwohl die Mutter sie auf die Unangemessenheit ihrer Kleidung hinweist. „Wer entscheidet, was angemessen ist? Was wäre, wenn die angemessene Kopfbedeckung ein Dorsch wäre? [...] Für mich ist ein Korsett das Gleiche wie ein Dorsch"[283], lautet Alices trotzige Antwort. Das Lächeln, das man ihr abringt, ist nur ein erzwungenes. Sie wirkt, als wäre sie länger nicht mehr glücklich gewesen. Statt von ihrem Vater bestätigt zu werden, in dem, was sie ist, muss sie nun den Erwartungen der anderen, insbesondere ihrer Mutter, entsprechen.[284]

Erinnert man sich an die vorangegangene Szene mit dem Vater und vergleicht sie mit dieser, wird ein sehr gegensätzliches Bild in Bezug auf Alice und ihre Beziehung zu ihrer Familie heraufbeschworen. Während der Vater eine wichtige, wenn nicht gar die wichtigste Bezugsperson in Alices Leben gewesen zu sein scheint, der ihre Fantasie bestärkte und ihr das Kindsein zugestand, spiegelt die Mutter wiederum die Rolle der Lehrerin und Erzieherin wider, der nicht das

---

[281] WALT DISNEY PICTURES 2010, TC: [00:02:34].
[282] RIVERA 2012, S. 47.
[283] WALT DISNEY PICTURES 2010, TC: [00:03:24].
[284] Vgl. BYE [o.J.], S. 7. S. auch: http://www.acmi.net.au/ed-burton-approaches-alice.htm [30.09.2012].

seelische, sondern vor allem das finanzielle Wohl ihrer Tochter am Herzen zu liegen scheint. „In traditional education, both in the family setting and in school, development coincides with being shaped into a predetermined mold, with little care about what the child is within herself."[285] Die in grau-blauen gehaltenen Farben der Kutschenszene verstärken den Eindruck der kühlen Beziehung zwischen Tochter und Mutter noch.

Während der Feier auf dem Gut des Geschäftspartners ihres Vaters, der dessen Unternehmen aufkaufen möchte, erfährt Alice von ihrer bevorstehenden Verlobung. Alice fühlt sich sichtlich unwohl und verhält sich während eines Tanzes mit ihrem Zukünftigen, Hamish, seiner Ansicht nach unreif und ihrem Alter nicht angemessen. Sie albert herum, träumt vor sich hin („Ich habe mich gefragt, wie es wäre, fliegen zu können."[286]) und weigert sich, dem Ernst des Lebens zu folgen. Sie möchte nicht zu dieser aufgesetzten, phantasielosen Gesellschaft gehören. Doch ihre Ausreißer werden als Unfug und grobe Regelverletzung missbilligt.

Während die Erwachsenen in Alices Umfeld alle nicht an das Magische und Phantastische glauben, kann Alice noch einen Zugang dazu finden, doch fürchtet sie die Konsequenzen. Es muss so ungewöhnlich sein, in dieser Welt der Strenge, in der kein Spaß verstanden, keine Phantasie zugelassen wird, zu akzeptieren, dass man über Phantasie verfügt. Die kindliche Phantasie, und damit Kindheit und alles, was diese ausmacht, wird unterdrückt, so dass Alice zwangsläufig in einen inneren Konflikt gerät, ein Konflikt zwischen Wunsch und Wirklichkeit, Kindheit und Erwachsenwerden, der mit der Reise ins Wunderland kulminiert. „It is time for Alice to face her inner world, which claims its own logic. Without such independent thinking, the only choice a woman has is to fit in with pre-established roles and give up her uniqueness (or as Alice would call it, her ‚muchness')."[287]

Im Phantastischen wird sie während ihrer Reise ins Wunderland mehr Wahrhaftigkeit finden, als in der Gesellschaft, in der sie lebt.[288] Die Menschen sind unglücklich, sie verstellen sich, um das zu bekommen, was notwendig ist, sie belügen sich selbst, um Schein und Anstand zu wahren, doch nichts davon kann sie glücklich machen. Tante Imogen ist ein Beispiel dafür, was der psychische Druck bei ihr ausgelöst hat: Sie hat sich in eine Scheinwelt geflüchtet, weil sie den Anforderungen ihrer Umwelt nicht gerecht werden konnte. Dafür wird sie von allen ausgestoßen und verlacht.

---

[285] RIVERA 2012, S. 46.
[286] WALT DISNEY PICTURES 2010, TC: [00:06:16].
[287] RIVERA 2012, S. 46.
[288] Alices Schwester will sie beispielsweise zu einer Verlobung mit Hanisch überreden, indem sie Alice von ihrer eigenen glücklichen Ehe vorschwärmt. Doch Alice erwischt ihren Mann mit einer anderen, wodurch alles, womit man sie zu überzeugen versucht, zerbricht.

Als Alice ins Wunderland zurückkehrt, werden die Spuren ihrer Erziehung jedoch sichtbar: Aus Angst, ebenfalls als verrückt zu gelten, glaubt sie nicht mehr an ihre eigene Phantasie. Die Abenteuer als *Alice im Wunderland* scheint sie vergessen zu haben. Sie appelliert hingegen an ihre Rationalität und ihre Vernunft und stellt sich die Frage nach ihrer wahren Identität: "Wer bin ich eigentlich?"

Doch trotz ihrer Zweifel gibt Alice hier ein völlig konträres Bild zu den vorangegangenen Alice-Figuren ab. Sie agiert weder hilflos noch naiv, sondern ist sehr bestimmt in ihrem Handeln und Auftreten. Sie weiß sehr genau, was sie will und vertritt mit ihrer Dominanz die neuen Werte der Kindheit.

> She thus represents Burton's first major female character, stubborn and determined, more like Wendy in Peter Pan, or even Rose in Titanic; in other words, a symbol of the political rejection of adult conventions rather a corrupted innocent.[289]

In all ihren Handlungen ist sie kein bisschen zögerlich oder ängstlich. Sie geht sehr durchdacht und bestimmt daran, Probleme zu lösen und erweist sich als sehr intelligente, junge Frau. Anders als ihre filmischen Vorgängerinnen verzweifelt sie nicht, als sie die kleine Tür zum zauberhaften Garten nicht sofort öffnen kann. Sie bleibt gelassen und ehrgeizig und versucht es solange, bis sie schließlich doch durch die Tür passt. Sie verfügt über innere Stärke und Durchsetzungsvermögen, doch findet sie erst im Wunderland den Mut dazu, diese Seite von sich zuzulassen.

Erst im Angesicht des Jabberwocky, der die Welt der Erwachsenen symbolisiert, für alle ihre falschen Werte und Normen steht, entscheidet sie sich endlich für die Macht ihrer Träume, und erinnert sich an die Worte ihres Vaters, der sich wünschte, den Tag mit sieben ungewöhnlichen Dingen zu beginnen.

Der Film zeigt hier, wie wichtig Magie nicht nur für Kinder, sondern auch für Jugendliche und Erwachsene sein kann. Der Glaube an die Magie kann positive Effekte erzielen.

Der bunte Schmetterling, der an ihr vorbeifliegt, als sie ihren Träumen längst wieder entstiegen ist, bedeutet aber, dass ihre Phantasie und ihre Kindheit immer Teil ihres Lebens sein werden, die sie nicht ablegen wird.

---

[289] DE BAECQUE 2011, S. 211.

5.4.2 Das „Wunderland" wird zum „Unterland"

> Der Träumer muss stärker sein als der Traum. Sonst droht Gefahr. Jeder Traum ist
> ein Kampf. [...] Vor allem der Abstieg ist eine bedenkliche Tat. [...] Wenn sich der
> Träumer zu weit vorwagt, verliert er die Fassung. [...] Die Träumerei hat ihre
> Todesopfer: die Wahnsinnigen.[290]

Schrieb VICTOR HUGO einmal – und hatte insofern Recht, als dass die
Bewohner des Wunderlandes sich alle selbst als Wahnsinnige bezeichnen.

Das Wunderland, in das Alice zurückkehrt, ist nicht mehr farbenfroh. Es ist,
als sei jede Farbe aus ihm entwichen. Nebel liegt über den Landschaften und
Gemäuern. Man hat das Gefühl, dass es nie wieder hell werden wird. Es ist, als ob
das einstige Wunderland dabei ist, zu vergehen, zu sterben.

Metaphorisch könnte man dies damit übertragen, dass Alice dabei ist, ihre
Kindheit zu verlieren, ihre Phantasie und ihre Imagination, die von ihrer Außen-
welt unterdrückt wird. Alice sieht all das angesichts ihrer bevorstehenden
Vermählung verschwinden. Die Gemäuer, Bäume und Tiere vermitteln den
Eindruck von Nostalgie. Man betrachtet sie und erkennt ihren Zerfall. So dunkel
und undurchschaubar wie dieses Land ist auch Alices Gemütszustand, voller
Verzweiflung und der Unfähigkeit zu entscheiden, was für sie richtig ist: den
gesellschaftlichen Regeln zu folgen oder sich für sich selbst zu entscheiden.
„Instead of a kitsch projection of her childish dream, what Alice finds is an intro-
spective and regressive world, the product of dark motivations."[291]

Bei der Gestaltung des Wunderlandes ließ sich Tim Burton, wie auch schon
Walt Disney, von den Illustratoren Tenniel und Rackham sowie von Dali beeinflusst. Anders als bei Disney jedoch fügte er dem Ganzen eine düstere Note
hinzu, denn das Wunderland – oder auch „Underland" von den Bewohnern
genannt – ist nicht mehr so hell, fröhlich und farbenfroh wie einst.

> [...] what we tried to do is keep it mostly Gothic and Romanesque. So it's brick,
> stone, lots of repeating heart-shaped patterns, lots of sharper angles to let you
> know it's not the safest place in the world, and isn't the most comfort environ-
> ment.[292]

Das Wunderland ist eine rein computeranimierte Welt. Eine Fotografie aus
dem zweiten Weltkrieg, die die Skyline New Yorks zeigt, diente als Vorlage für
das dunkle, vom Leid geplagte Land. Der expressionistische Stil, den Burton
verfolgt, wiederholt sich auch in diesem Film und zeigt sich an typischen
Merkmalen innerhalb der filmischen Ästhetik, wie der Verwendung von „Vertika-
len, Diagonalen, Schrägen, Verzerrungen, Verschattungen, Licht-Schatten-
Effekte, isolierte Objekte, stilisiert-artifizielles Agieren" ebenso wie die Figuren-

---

[290] HUGO zitiert nach WENDERMANN 2008, S. 222.
[291] DE BEACQUE 2011, S. 211.
[292] DECHANT zitiert nach SALISBURY 2010, S, 136.

zeichnung, „geprägt von schwarzer Romantik und traumhafter Unwirklichkeit, dämonischer Macht-besessenheit und moderner Verlorenheit [...]."[293]. Im Film betritt Alice das Wunderland beispielsweise durch eine Tür, die bereits in einem expressionistischen deutschen Film der 20er bis 30er Jahre vorkam.[294]

Burton arbeitet außerdem, ähnlich wie Disney, mit Raumdekonstruktionen, indem er den Raum aufspaltet und Formen verzerrt, Größenunterschiede heraus-arbeitet und den Gebäuden und Gegenständen sozusagen einen eigenen Willen auferlegt, ihnen ihre Formen selbstbestimmend überlässt. All diese Stilelemente werden benutzt, um zu den dunklen Seiten der kindlichen Seele vorzudringen und diese zu verdeutlichen. Tim Burtons Umsetzung des Underlandes erinnert in seiner Ästhetik stark an das im Jahre 2000 erschienenen Videospiel *Alice McGee*[295], dessen Gestaltung äußerst düster ist. In dem Videospiel geht es um Alice, die ins Wunderland hinabsteigt, und dort ein völlig verändertes, dunkles und grausames Land vorfindet, das außer Kontrolle geraten ist.

Das Underland ist ein Ort der Düsternis – mit übergroßen, bunten Blumen und absonderlichen Kreaturen ausgestattet. Es wirkt wie ein verwilderter Garten, dessen Eingang ein verwittertes Tor säumt. Nichts davon ist prächtig und leben-dig. Der Tod ist dem Land näher als das Leben, und eigentlich erinnert es mehr an einen alten, verlassenen Friedhof. Auch der knorrige, verästelte Todesbaum, seit jeher Symbol für den seelischen Tod, und ein häufig verwendetes Motiv in Burtons Filmen, belebt die Szenerie.[296] Seine zahlreichen Zweige spreizen sich ungezähmt und verwinkelt in alle Richtungen ab, so als wüssten sie nicht genau, wohin sie sich zuerst ausbreiten sollen. Es ist ein gefährliches Land, das sich Alice offenbart. In diesem Underland droht reale Gefahr, Angst und Schrecken, kurz das Böse. In diesem Wunderland trifft sie auf ihre eigenen Ängste.

Aber auch viel Traurigkeit ist zu spüren, wenn man die verlassenen Orte, das Ödland, und die kaputte Mühle als Treffpunkt der Teegesellschaft betrachtet. Durch die Terrorherrschaft der Herzkönigin legt sich ein dunkler Schleier voll Düsternis und Betrübnis, Trauer und Melancholie über das Land. Leid und Grau-samkeit werden von den Entscheidungen dieser Königin verursacht, die ihre Bediensteten wie Spielzeug behandelt – ohne Rücksicht auf Verluste.

Waren bei Švankmajers *Alice* und auch den anderen Alice-Verfilmungen die Flucht in ein imaginiertes Wunderland noch ein Weg, die Welt der Erwachsenen zu begreifen und sich damit auseinanderzusetzen, war die bunte Welt des Wunderlandes bei Disney als Ausgleich zur betrüblichen Welt der Erwachsenen

---

[293] KIENING / BEIL 2007, S. 167.
[294] Vgl. SALISBURY 2010, S. 68–77.
[295] Vgl. BROOKER 2004, S. 229–264.
[296] Vgl. HEGER 2010, S. 348.

zu sehen, müssen wir hier andere Beweggründe in Betracht ziehen, die Alice ins Underland führen.

Die Bewohner des Underlandes, die imaginierten Freunde aus Alices Kindheit, sind hier keine Ersatzobjekte, wie sie die Psychoanalyse beschreibt. An ihnen kann man sich weder festhalten noch orientieren. Sie selbst sind die Verlorenen, die man aus ihrer Lethargie befreien muss. Sie können jedoch als Übergangsobjekt gesehen werden. Auch in der Jugend und manchmal sogar im Erwachsenenalter können die Puppe, das Plüschtier oder die Erinnerung an die imaginierten Freunde dabei helfen, schwierige Lebenssituationen oder auch Krisen zu überwinden, besonders dann, wenn man einen neuen Lebensabschnitt übergeht.[297] So ist es nicht verwunderlich, dass Alice in ihre Welt der Kindheit flieht – wenn auch unbewusst – und ihre Freunde als Seelentröster und Helfer mobilisiert[298], um zu sich selbst zu finden.

Obwohl es so scheint, als würde Burton in seinem und auch diesem Film mit dem stetigen Aufgreifen der Kindheit dem „inneren Kind" huldigen, widerstrebt ihm diese Bewegung, die er als lästige Folge postmoderner Ungewissheit erkennt. Burton sieht diese Bewegung eher als Rückschritt in der eigenen psychischen Entwicklung an:

> [...] I really hate [...] that fucking ‚child within' bullshit...I've heard it related to me, where they say 'I've never lost that touch of the child' It's the remnant of some kind of yuppie bullshit, that whole 'tapping into the child within you', and that it's important to make films like that. And actually I find that a form of retardation [...].[299]

Die Rote Königin in Burtons Verfilmung ist beispielsweise eine Karikatur dieses „inneren Kindes", das die Erwachsenen heutzutage heraufbeschwören. Sie verhält sich wie ein verwöhntes, kleines Kind, das schreit, wenn es nicht das bekommt, was ihm gebührt. Sie kennt kein Mitleid, ist nur auf ihr eigenes Wohl bedacht, handelt narzisstisch und rachsüchtig. Ihr zu einer enormen Größe verzerrter Kopf – was als Anlehnung an das Kindchenschema gedacht sein könnte – lässt sie hierbei besonders lächerlich erscheinen.

> As both spoilt child and psychopath, completely unable to identify with the suffering of others, the Red Queen evokes both horror and laughter. By expressing her childish impulses in such a brutal and gruesome manner, she draws attention to the flipside of mythologies of childhood innocence. At the same time, despite her ex-

---

[297] Vgl. FOOSKEN 2012, S. 125–127.

[298] Auch wenn im Film von den Bewohnern des Underlandes um Hilfe gebeten wird, darf man nicht vergessen, dass im Traum jede Figur für einen Teil der eigenen Persönlichkeit des Träumenden steht.

[299] BURTON zitiert nach SCHOBER 2012, S. 68.

traordinary destructiveness, the continual referencing of the Queen's childishness means that she also takes on an element of pathos.[300]

Burton präsentiert oder verlangt damit das Gegenteil unserer aktuellen Entwicklung und Tendenz, möglichst lange jung zu bleiben und eine Neigung zur Infantilisierung zu entwickeln, während die Kindheit der Kinder beschleunigt wird, diese also durch den gesellschaftlichen Leistungsdruck, der auf sie einwirkt, wieder vermehrt aus dem kindlichen Schonraum der vergangenen Jahre geholt werden.

> Children become „adultfied" and adults become „childified". Boundaries between adulthood and childhood blur to the point that a clearly defined, „traditional," innocent childhood becomes an object of nostalgia – a sure sign that it no longer exists in any unproblematic form.[301]

Seine hoffnungslosen Figuren zeichnen sich daher also nicht dadurch aus, dass sie ihr inneres Kind wiederbeleben wollen, sondern sie sind vielmehr Gefangene im Status der ewigen Kindheit. Sie sind kindliche Erwachsene, die sich von ihrer Vergangenheit, ihrer Kindheit nicht lösen können und daher nicht in der Lage sind, sich weiterzuentwickeln. Jedoch ist Burton auch der Meinung, dass die Kultur und Umwelt, die Restriktionen der Gesellschaft, alles Potential und Individualität im Kind unterdrücken, um es nach ihren Prinzipien zu formen und anzupassen.[302]

Tim Burton macht daher auch am Beispiel von Alice deutlich, dass Erwachsenwerden etwas Selbstbestimmtes bleiben muss, dass man sich seiner Verantwortung zwar nicht entziehen und sich seinen Herausforderungen stellen soll, jedoch sollte man nicht vergessen, wer man als Kind war und was die eigene Kindheit ausgemacht hat. Man darf sich in dieser Welt aber auch nicht verlieren, man darf nicht fliehen und sich der Ernsthaftigkeit des Lebens verweigern. Wenn man die Balance zwischen Kindheit und Erwachsenenleben finden kann, so wird man ein zufriedenes Leben führen können.

5.4.3 Der Tod des Jabberwocky als emanzipatorischer Befreiungsschlag

KEN HANKE stellt fest, dass die Kindheit eine wichtige Rolle in allen Filmen Burtons spielt. „Seine Inszenierung der Kindheit bezeichnet er als lebendige Hölle, aus der man einzig mit Hilfe der Fantasie flüchten kann."[303] Die Darstellung der düsteren Seite der Kindheit und die Konfrontation mit den Dämonen der Kindheit ist Burton ein wichtiges Anliegen, was sich auch in seinen

---

[300] BYE [o.J.], S. 15. S. auch: http://www.acmi.net.au/ed-burton-approaches-alice.htm [30.09.2012].
[301] KINCHELOE 1998, S. 170f.
[302] Vgl. ebd., S. 68f.
[303] HANKE zitiert nach GRAF 2009, S. 10f.

Filmen wiederspiegelt. Dabei schreckt er auch nicht vor der Darstellung des Grausamen zurück.

> My parents told me that I used to watch horror films even before I could walk – I loved them. [...] One of the most interesting aspects of those films was that they never denied themselves an image, never backed away from anything. [...] I (as a child, Anm. des Verf.) hated to be protected, I wanted to face the images, however hard they were to watch. [...] Cruelty is part of the cinema, a fundamental part in fact. The reactionaries in debates about violence in America don't understand this.[304]

Einen Befürworter findet er in BRUNO BETTELHEIM, der in seinem Buch ebenfalls davon spricht, dass die inneren Monster vor allem mit Hilfe des Märchens verarbeitet werden können.[305] Deshalb tritt Alice am Ende von Burtons Verfilmung auch gegen den Jabberwocky an, der Personifizierung all ihrer Ängste, ihrer inneren Dämonen, die sie lähmen und zurückhalten.

Kindheit, Außenseitertum, Einsamkeit, Andersartigkeit, die dunkle Seite des Menschen, Identitätskrisen und vor allem anderen der Tod – im Gegensatz zum Leben – stehen hier in enger Verbindung miteinander. Im Vergleich mit den vorherigen Alice-Verfilmungen könnte man also fast von einer Steigerung der Sicht auf die Kindheit sprechen, die von der Idealisierung der Disney-Version zur Resignation und schließlich zu immer abgründigeren Sichtweisen über die Kindheit führt. Was bei Švankmajer beginnt, bringt Burton zum apokalyptischen Abschluss. „Every mask Burton invents [...] bears the imprint of a primitive culture [...], a culture that rises from the hidden depths of childhood and that comes back from the dead."[306] Burton erkennt dabei das Kind als das Wesen, das durch seine kurze Lebensdauer dem Tod noch näher ist als dem Leben, näher dem Magischen und Phantastischen, näher einer Welt, an die der Erwachsene sich nicht mehr erinnern, der er sich entzogen hat.

Alice wird also als das Mädchen dargestellt, das sich endlich ihren Ängsten und Zweifeln stellt, die die Welt der Erwachsenen in ihr gesät hat, und erkennt die Macht und die Stärke, die ihm durch die Phantasie der Kindheit gewährt.

Der Kampf gegen den Jabberwocky erfolgt dabei sehr symbolisch, nämlich indem sie in einer Ritterrüstung gekleidet zum Schwert greift.

> The young woman is struck dumb, hesitates to play the part of the heroine, then goes off to fight the dragon, stubborn and valiant, like an angel in shining armour in a Renaissance painting. Then there passes across her face a momentary flash of westerns remembered from childhood, a line of Indians on horseback, the pride of an innocent whom nothing can resist and who embraces her destiny in the form of liberty.[307]

---

[304] BURTON zitiert nach FERENCZI 2010, S. 77.
[305] Vgl. SCHOBER 2012, S. 68.
[306] DE BEACQUE 2011, S.7.
[307] Ebd., S. 216.

Dahinter steckt zugleich ein emanzipatorisch-feministischer Ansatz. Burtons Alice ist damit die einzig wahre, selbstbestimmte Heldin, die sich letztlich den Herausforderungen der Erwachsenenwelt gewachsen sieht.

> Genau diese Botschaft vermittelt das Märchen dem Kind in vielfältiger Weise: Der Kampf gegen die heftigen Schwierigkeiten des Lebens ist unvermeidlich und gehört untrennbar zur menschlichen Existenz, wenn man aber nicht davor zurückschreckt, sondern den unerwarteten und oft ungerechten Bedrängnissen standhaft gegenübertritt, überwindet man alle Hindernisse und geht schließlich als Sieger aus dem Kampf hervor.[308]

Laut RIVERA wird die Problematik des Frauenbildes auch noch auf andere Weise erzeugt. Sie erkennt in der dominanten Roten Königin den patriarchalischen Teil unserer Gesellschaft, deren Regeln und Gesetze ein jeder zu befolgen hat. Mit Brutalität und Rücksichtslosigkeit unterwirft sie sich ihr Volk und beherrscht es durch die Angst. Im Gegensatz dazu steht die Weiße Königin, der feministische Teil, der sich weigert, sich dem patriarchalischen Kern anzupassen. „As the Feminine she is set apart: she's not destroyed, but she lives in a separate world. Here in her world Alice finds her the right size – not too reduced, not too oversized, but rather just right, and supportive."[309]

Dass Alice das klassische Rollenbild von Mann und Frau hinterfragt, zeigt sich auch in der Szene, als sie zu Beginn des Films mit Hamish auf ihrer Verlobungsfeier tanzt. Dort fragt sie ihn, wie es wohl wäre, wenn Männer Kleider und Frauen Hosen tragen würden, eine Vorstellung, die von Hamish mit einem „Wieso sollte man sich so etwas vorstellen wollen?" abgetan wird, welches die Kleinkariertheit der damaligen Zeit sehr gut wiedergibt.

Der Film endet damit, dass Alice ihre Hochzeit verweigert. Sie übernimmt sogar die Geschäfte ihres Vaters, was zu den Zeiten, in denen der Film spielt, sehr ungewöhnlich erscheint. Das Bild der Frau oder des Mädchens, das Burton im Film skizziert, ist damit fernab jeglichen geschlechtsspezifischen Klischees, dessen sich beispielsweise noch Disney bediente. Hier wird also ein sehr modernes Bild der Frau oder des Mädchens in der Gesellschaft erzeugt.

---

[308] BETTELHEIM 1980, S. 14.
[309] RIVERA 2012, S. 48.

6 Resümee

"Too many people grow up. That's the real trouble with the world, too many people grow up. They forget. They don't remember what it's like to be 12 years old. They patronise, they treat children as inferiors. Well I won't do that."

(Lewis Carroll)

Ziel der vorliegenden Arbeit war es, herauszufinden, welches Bild von (weiblicher) Kindheit die ausgewählten Verfilmungen von *Alice im Wunderland* jeweils konzipieren, und welche Rückschlüsse sich daraus möglicherweise auch auf das gesellschaftliche Bild von Kindheit ziehen lassen.

Zu diesem Zweck musste zunächst ein Überblick über den Begriff und die Geschichte der Kindheit geliefert werden, welcher gezeigt hat, dass Kindheit einem stetigen Wandel unterworfen und zudem ein von gesellschaftlichen Einflüssen abhängiges, soziales Konstrukt ist. Als wichtiger Vermittler von Kindheitsbildern heutzutage konnten die Medien, insbesondere auch der Film ausgemacht werden. Da zudem alle behandelten Filme eine Märchen- und Traumwelt entwerfen, war es vonnöten, sich mit der Funktion des Märchens und Traums innerhalb der Kindheit auseinanderzusetzen, und sich in den Einzelanalysen auch den filmischen Mitteln zu widmen, die eine solche Traumwelt erzeugen. Herausgearbeitet werden konnte dabei, dass in allen Verfilmungen das Traumgeschehen als Katalysator für Probleme und Machtlosigkeit in der Kindheit fungierte, aber auch dazu diente, um innere Konflikte, Zerrissenheit sowie Ängste in der Kindheit zu behandeln, die sich durch Raumdekonstruktionen, Verzerrung, schrägen Kameraperspektiven oder dem Spiel mit Licht und Schatten hervorheben ließen. Andererseits wird im Film das Wunderland mit Imaginationsfähigkeit gleichgesetzt, die alleinig dem Kind zugerechnet wird. Der Verlust des Traums bzw. das Ende des Traums wird auch als Verlust der Kindheit gesehen.

Will man die Ergebnisse der Untersuchungen nun zusammenfassen, so kommt man nicht umhin, sich noch einmal die Gemeinsamkeiten und Unterschiede der jeweiligen Verfilmungen vor Augen zu führen. Dabei wird vor allem eines deutlich: „What the child *is* matters less than what we *think* it is and just why we think that way."[310]

Gemeinsam ist allen Verfilmungen zunächst der Ausgangsstoff, nämlich Lewis Carrolls Geschichte von *Alice im Wunderland*. Jeder der in dieser Arbeit vorgestellten Filme zeigt Alice als Reisende – in ihr Innerstes, ihre Phantasie-, ihre Traum- oder Alptraumwelt. Diese Reise wird bei allen Interpretationen ausgelöst durch ein bestimmtes Moment in Alices Leben, und beginnt mittels eines Tunnels, Erdlochs oder eines anderen hohlartigen Raumes, welcher symbolisch den Übergang

---

[310] KINCAID 1992, S. 62.

in eine andere Welt markiert.[311] In allen Filmen muss sich Alice auf ihrer Reise mit der Frage nach der eigenen Identität auseinandersetzen und sich auf die Suche nach Identifikationsmöglichkeiten machen. Zudem findet ein Hinterfragen der gegebenen, äußeren Umstände statt.

Unterschiedlich behandeln die Regisseure jedoch das transportierte Kindheitsbild Carrolls, welches sie – vor allem mit unterschiedlichen, filmästhetischen[312] und narrativen Mitteln und gemäß ihrer individuellen Vorstellungen von Kindheit – auf ihre Zeitumstände übertragen.

So huldigt Disneys Version dem unschuldigen Kind und appelliert an eine Kindheit, die möglichst sorgenfrei gestaltet werden sollte. Diese Vorstellung von einer heilen Kinderwelt bringt er auch filmisch durch den Einsatz von High-Key, einer farbenreichen Gestaltung, einer das Kindchenschema bedienenden Figurenzeichnung und dem Untermalen der Szenen mit atmosphärischer Musik zum Ausdruck. Unschuld, Anstand und Führung des hilflosen Kindes, das sich in seiner Umgebung noch nicht zurechtfindet, sind die Punkte, die Disney zweifelsfrei bewegen. Nur durch Geborgenheit und Sicherheit, welches es nur innerhalb des geschützten Raumes des eigenen Zuhauses wiederfindet, ist Entfaltung und Erleben der vollkommenen, weil gefahrenlosen, Kindheit möglich. Diese Art des Utopismus von Kindheit lässt jedoch außer Acht, dass die kindgerechte Auseinandersetzung und Problematisierung von Missständen, an der es Disneys Version mangelt – und die einhergeht mit einer Entmystifizierung einer heilen Welt – nicht gleichzeitig den Verlust von Phantasie und Traum bedeutet, sondern zum Verständnis auf die Welt beiträgt. Viele Probleme des Erwachsenwerdens, viele Probleme in der Konflikt-bewältigung resultieren nämlich nachweislich daraus, nie gelernt zu haben, mit Herausforderungen des Alltags umzugehen.

Millers melancholische Alice-Figur kann vordergründig als Gegenentwurf zu Disneys lebenslustiger Alice-Figur gesehen werden. Ihre Resignation und Freudlosigkeit, die allein schon durch die ganz in Schwarz-Weiß gehaltenen Bilder und dem minimalistisch-zurückhaltenden Stils Millers evoziert und verstärkt werden, sind Anzeichen ihrer Verständnislosigkeit gegenüber einer Welt, aus der sie ausgeschlossen ist, deren Abgrenzung von ihrer Seite aus aber auch nicht unerwünscht scheint. Wissend erblickt sie im Wunderland das Schicksal ihrer eigenen Zukunft, in Unfähigkeit gelähmt, sich diesem zu entziehen. Millers Alice ist

---

[311] Sowohl bei Disney als auch bei Miller und Burton ist der Tunnel der Mittler zwischen den Welten. Lediglich Švankmajer nutzte für den Weltenübergang einen alten Schreibtisch.

[312] Die im Film entworfene Bildästhetik kann zum Beispiel auf das Bild vom Wunderland hindeuten, welches das Kind selbst in seinem Kopf heraufbeschwört. Während in diesem Fall die bunten Farben der Disney-Version ein inneres Übersprudeln der Alice-Figur und des Wunderlandes bedeuten, wirkt bei Miller die Welt bereits grau und melancholisch, werden die Veränderungen einfach hingenommen. Bei Švankmajer und Burton überschattet und erfasst das schaurig-düstere Wunderland auch das kindliche Gemüt.

Disneys Alice mit diesem Wissen einen Schritt voraus, und doch verbirgt sich hinter der Kritik, die Miller entwirft ein ähnliches Ideal von Kindheit. Miller sieht sich als Fürsprecher WORDSWORTHs, der Kindheit im Sinne der Romantik als schützenswertes, heiliges und damit unantastbares Gut betrachtete. Die ungeschönte Sicht auf die Gesellschaft der damaligen Zeit verbietet ihm jedoch, dem Kind ein Allheilsversprechen zu geben. Solange sich die Gesellschaft nicht ändert, kann Kindheit eines Kindes, das eine solche Gesellschaft erblickt, nicht sorglos sein.

Švankmajer zieht vor allem das zu damaligen Zeiten vernachlässigte Thema der Angst innerhalb der Kindheit aus Carrolls Geschichte und beschäftigt sich auch mit dem tabuisierten „Bösen" im Kind. In der Verlebendigung gewöhnlicher Gegenstände und der Verlegung des Wunderlandes in ein dunkles Treppenhaus mit klaustrophobisch anmutenden Gängen, lässt er Alice kein Wunderland erleben, sondern versetzt sie in Angst und Schrecken. Sein Kindheitsbild ist geprägt von seiner surrealistischen Lebensauffassung, welche das Ende der Unschuld postuliert, und eine Kindheit präsentiert, zu deren Natur die Gewalt ebenso wie die Manipulation und Herrschsucht gehört.

Burtons Kindheitsbild ist schließlich als Abbild unserer postmodernen Kindheit zu verstehen, in welcher er den Wunsch nach einer Wiederbelebung abgelegter, verbannter Träume und Phantasien erkennt. Sein Kindheitsbild unterscheidet sich stark von den nostalgisch-romantisch geprägten Kindheitsbildern Disneys und Millers. Anhand der düsteren Ästhetik und der Narration der Geschichte erkennt man die Wandlung, die sich vollzogen hat. Die heutige Welt der Kindheit hat ihre Sorglosigkeit verloren, stattdessen wird eine Welt beschrieben, in der das unschuldige, behütete Kind kaum noch anzutreffen ist. Das Kind, welches den Anforderungen unserer Gesellschaft gerecht werden will, muss durchsetzungsfähig sein, muss sich behaupten. Aus diesem Grund erschafft Burton mit Alice eine starke Frauen- und Mädchenfigur, die nur durch die selbstständige und innere Überwindung ihrer Angst und Resignation ihre Träume leben kann.

Wie gezeigt werden konnte, sind die Kindheitsbilder in den Filmen abhängig von gesellschaftlichen Einflüssen, Ideologien und in erster Linie persönlichen Erfahrungen. Besonders bei Švankmajer fließt die Erinnerung an die eigene Kindheit in sein filmisches Schaffen mit ein. In allen Filmen wird zudem versucht, die Welt durch den Blick des Kindes zu beschreiben und anhand dessen Kritik zu üben. Allerdings muss man festhalten, dass es nur ein Versuch bleiben kann, Kindheit durch den Blick eines Erwachsenen zu beschreiben. Letztlich lässt sich feststellen, dass Filme Kindheit konstruieren und dass die spezifischen filmischen Gestaltungsmittel einen großen Einfluss darauf haben, wie Kindheit beschrieben und wahrgenommen wird.

Da in dieser Arbeit nicht alle Alice-Verfilmungen auf das in ihnen entworfene Kindheitsbild hin untersucht werden konnten, und es zudem eine Reihe von Verfilmungen gibt, die zwar keine direkte Adaption von Carrolls Klassiker sind, aber das Motiv des Kindes in einer (Alp-)Traumwelt beschreiben, wie z.B. *Coraline* (2009), *Tideland* (2005) oder *Pan's Labyrinth* (2006), wäre eine weitere Untersuchung dieser Thematik sicherlich sinnvoll und interessant. Ein anderer Ansatz, der in dieser Arbeit angerissen, aber nicht weiter ausgeführt werden konnte, wäre die Frage nach der Rezeption dieser Filme durch Kinder und Jugendliche selbst, d.h. inwiefern erkennen sich Kinder in diesen Kindheitsbildern wieder, inwiefern tun sie dies nicht?

Insgesamt lässt sich festhalten, dass Kindheit sicherlich weiterhin eine große Rolle im Bereich des Films, des Fernsehens sowie in den Medien allgemein spielen wird. Die Popularität von Kinderfilmen oder Filmen, die der Kindheit huldigen, ist momentan sehr groß[313], was zeigt, dass innerhalb der Gesellschaft der Wunsch nach Austausch über die Kindheit, die sich derzeit im Wandel sieht, auf vielfältige Weise gegeben ist. Dies kann der Film in großem Maße leisten. Film bedeutet Phantasie. Film bedeutet das Möglichmachen des Unmöglichen. Film bedeutet die Überwindung von (moralischen, persönlichen gesellschaftlichen) Grenzen, die Überwindung von Zeit und Ort. Insofern ist Film das magische Medium der Kindheit, und bildet in Verbindung mit der Geschichte um *Alice im Wunderland* die perfekte Symbiose, um Kindheit auch zukünftig zu beschreiben.

---

[313] Man vergleiche aktuelle Filme wie *Bal - Honig* (2010), *Beasts of the Southern Wilde* (2012) oder *Moonrise Kingdom* (2012).

7   Literaturverzeichnis

7.1   Primärquellen

AUDEN, W. H.: Today's "Wonder-World" Needs Alice. In: PHILLIPS, ROBERT [ed.]: Aspects of Alice. Lewis Carroll's Dreamchild as seen through the Critic's Looking Glasses 1865–1971. Bungay 1971, S. 30–43.

CARROLL, LEWIS: Die Alice-Romane. Alices Abenteuer im Wunderland. Durch den Spiegel und was Alice dort fand. Stuttgart 2010.

—, Appendix D: From Lewis Carroll's Diaries and Letters (1862–90). Letters. In: Carroll, Lewis / Kelly, Richard [ed.]: Alice's Adventures in Wonderland (Broadway editions). 2. Aufl., Peterborough 2011, S. 234.

COLLINGWOOD, STUART DODGSON: The Life And Letters Of Lewis Carroll (Rare Reprints). Whitefish (Montana) 2004.

EMPSON, WILLIAM (1935): Alice in Wonderland: The Child as Swain. In: PHILLIPS, ROBERT [ed.]: Aspects of Alice. Lewis Carroll's Dreamchild as seen through the Critic's Looking Glasses 1865–1971. Bungay 1971, S. 410–411.

GAST, WOLFGANG: Einführung in Begriffe und Methoden der Filmanalyse. Frankfurt am Main 1993.

GOLDSCHMIDT, A.M.E. (1933): Alice in Wonderland. Psychoanalyzed. In: PHILLIPS, ROBERT [ed.]: Aspects of Alice. Lewis Carroll's Dreamchild as seen through the Critic's Looking Glasses 1865–1971. Bungay 1971, S. 329–332.

HERDER, JOHANN GOTTFRIED: Johann Gottfried von Herder's sämmtliche Werke. Zur schönen Literatur und Kunst (Zehnter Band). Stuttgart / Tübingen 1862.

LORENZ, KONRAD: Die angeborenen Formen möglicher Erfahrung. In: ZEITSCHRIFT FÜR TIERPSYCHOLOGIE 5 (1943), H. 2.

RANK, OTTO: Der Doppelgänger. Eine psychoanalytische Studie. Wien 1925.

ROUSSEAU, JEAN-JACQUES: Emil oder Über die Erziehung (Band 1). Leipzig [o.J.].

SCHILLER, FRIEDRICH: Schillers sämtliche Werke in zwölf Bände (Zwölfter Band). Stuttgart / Tübingen 1838.

WOOLF, VIRGINIA (1939): Lewis Carroll. In: PHILLIPS, ROBERT [ed.]: Aspects of Alice. Lewis Carroll's Dreamchild as seen through the Critic's Looking Glasses 1865–1971. Bungay 1971, S. 78f.

7.2 Sekundärliteratur

7.2.1 Gedruckte Literatur

ALLEN, ROBIN: Disneys europäische Wurzeln. In: DIEDEREN, ROGER / GIRVEAU, BRUNO: Walt Disneys wunderbare Welt und ihre Wurzeln in der europäischen Kunst. München 2008, S. 37–50.

APPELBE, UWE / KANIA, ELKE: Das helle Licht des Traums. Surrealismus und Kino. In: SPIELER, REINHARD / AUER, BARBARA [Hrsg.]: Gegen jede Vernunft. Surrealismus Paris-Prag (Ausstellungskatalog). Stuttgart 2009, S. 230–231.

ARIÈS, PHILIPPE: Geschichte der Kindheit. 4. Aufl., München 1977.

AUERBACH, NINA: Alice and Wonderland: A Curious Child. In: VICTORIAN STUDIES, 17(1973), S. 34–40.

AVERY, GILLIAN: Fairy Tales with a Purpose. In: GRAY, DONALD J. [ed.]: Alice in Wonderland. Authoritative Texts of Alice's Adventures in Wonderland. Through the Looking Glass. The Hunting of the Snark. Backgrounds. Essays in Criticism. New York 1971, S. 321–324.

—, Fairy Tales for Pleasure. In: GRAY, DONALD J. [ed.]: Alice in Wonderland. Authoritative Texts of Alice's Adventures in Wonderland. Through the Looking Glass. The Hunting of the Snark. Backgrounds. Essays in Criticism. New York 1971, S. 329.

BABENROTH, A. CHARLES: English Childhood. Wordsworth's Treatment of Childhood in the Light of English Poetry from Prior to Crabbe. New York 1973.

BETTELHEIM, BRUNO: Kinder brauchen Märchen. 3. Aufl., München 1980.

BOOKER, M. KEITH: Disney, Pixar and the Hidden Messages of Children's Films. California 2010.

BROOKER, WILL: Alice's Adventures. Lewis Carroll in Popular Culture. New York 2005.

BRUNKEN, OTTO: Mittelalter und frühe Neuzeit. In: WILD, REINER [Hrsg.]: Geschichte der deutschen Kinder- und Jugendliteratur. 3. überarb. Aufl., Stuttgart 2003, S. 8.

CALVERT, KARIN: Children in the House. The Material Culture of Early Childhood. In: JENKINS, HENRY [ed.]: The Children's Culture Reader. New York 1998, S. 76.

CHASTON, JOEL D.: The "Ozification" of American Children's Fantasy Films: *The Blue Bird, Alice in Wonderland,* and *Jumanji.* In: CHILDREN'S LITERATURE ASSOCIATION QUARTERLY 22 (1997), H. 1.

CORNWELL, NEIL: The Grotesque. In: MULVEY-ROBERTS, MARIE [ed.]: The Handbook of the Gothic. 2. Aufl., London 2009, S. 175.

COVENEY, PETER: Escape. In: GRAY, DONALD J. [ed.]: Alice in Wonderland. Authoritative Texts of Alice's Adventures in Wonderland. Through the Looking Glass. The Hunting of the Snark. Backgrounds. Essays in Criticism. New York 1971, S. 330–335.

DAVIS, AMY M.: Good Girls and Wicked Witches. Women in Disney's Feature Animation. Eastleigh 2006.

DE BAECQUE, ANTOINE: Tim Burton (Cahiers Du Cinema). New York 2011.

DECORDOVA, RICHARD: The Mickey in Macy's Window: Childhood, Consumerism, and Disney Animation. In: SMOODIN, ERIC [ed.]: Disney Discourse. Producing the Magic Kingdom. New York 1994, S. 211.

DIEDEREN, ROGER / GIRVEAU, BRUNO: Katalog. In: DIEDEREN, ROGER / GIRVEAU, BRUNO: Walt Disneys wunderbare Welt und ihre Wurzeln in der europäischen Kunst. München 2008, S. 124, 236–245.

DIXON, WHEELER WINSTON: The Second Century of Cinema: The Past and Future of the Moving Image (The SUNY series, cultural studies in cinema/video). New York 2000.

DRYJE, FRANTISEK: The force of imagination. In: HAMES, PETER [ed.]: Dark Alchemy. The films of Jan Švankmajer (Contributions to the Study of Popular Culture, Number 46). Westport, Connecticut 1995, S. 129.

ERIKSON, ERIK H.: Identität und Lebenszyklus. Frankfurt am Main 1980.

EWERS, HEINZ-HEINO: Literatur für Kinder und Jugendliche. Eine Einführung. Paderborn 2000.

—, Romantik. In: WILD, REINER [Hrsg.]: Geschichte der deutschen Kinder- und Jugendliteratur. 3. überarb. Aufl., Stuttgart 2003, S. 97.

FERENCZI, AURÉLIEN: Masters of Cinema: Tim Burton (Cahiers du Cinema). New York 2010.

FOOSKEN, INSA: Puppen – heimliche Menschenflüsterer. Ihre Wiederentdeckung als Spielzeug und Kulturgut. Göttingen 2012.

FREY, HANS-PETER / HAUSSER, KARL: Identität. Entwicklungen psychologischer und soziologischer Forschung. Stuttgart 1987.

FROMM, ERICH: Märchen, Mythen, Träume. Eine Einführung in das Verständnis einer vergessenen Sprache. 19. Aufl., Reinbek bei Hamburg 2007.

GARDNER, MARTIN: Alles über Alice. Hamburg 2002.

GIRVEAU, BRUNO: Baumeister wollte er sein – Architektur und Szenerie bei Disney. In: DIEDEREN, ROGER / GIRVEAU, BRUNO: Walt Disneys wunderbare Welt und ihre Wurzeln in der europäischen Kunst. München 2008, S. 64–68.

—, Jenseits des Spiegels: Literatur und Film bei Walt Disney. In: DIEDEREN, RO-GER / GIRVEAU, BRUNO: Walt Disneys wunderbare Welt und ihre Wurzeln in der europäischen Kunst. München 2008, S. 53–61.

—, Walt Disney im Museum? In: DIEDEREN, ROGER / GIRVEAU, BRUNO: Walt Disneys wunderbare Welt und ihre Wurzeln in der europäischen Kunst. München 2008, S. 27–28.

GRAF, NATASCHA: Düstere Bilder, skurrile Gestalten und märchenhafte Welten – Drei Filme Tim Burtons im Vergleich. Marburg 2009.

GREENE, KATHERINE AND RICHARD: Inside the Dream. The Personal Story of Walt Disney. New York 2001.

GÜNTHER, WOLFGANG: Wege ins Wunderland. Von Peter Pan bis Harry Potter. Frankfurt 2006.

HAMES, PETER: Bringing up baby. Jan Švankmajer interviewed about *Otesánek*. (*Little Otík*, 2000). SIGHT & SOUND 11(2001), H. 10.

—, Interview with Jan Švankmajer. In: Ders. [ed.]: Dark Alchemy. The films of Jan Švankmajer (Contributions to the Study of Popular Culture, Number 46). Westport, Connecticut 1995.

HANSON, STUART: Children in film. In: MILLS, JEAN / MILLS, RICHARD [ed.]: Childhood Studies: A reader in perspectives of childhood. London 2000, S. 145f.

HEGER, CHRISTIAN: Mondbeglänzte Zaubernächte. Das filmische Universum von Tim Burton. Marburg 2010.

HENTIG, HARTMUT VON: Vorwort. In: ARIÈS, PHILIPPE: Geschichte der Kindheit. 4. Aufl., München 1977, S. 32.

HOLLINGSWORTH, CHRISTOPHER: Introduction. In: Ders.: Alice beyond Wonderland: Essays for the Twenty-First-century. Iowa City 2009, S. xviii–xix.

HOPF, HANS: Träume von Kindern und Jugendlichen. Diagnostik und Psychotherapie. 1.Aufl., Stuttgart 2007.

HURRELMANN, KLAUS / BRÜNDEL, HEIDRUN [Hrsg.]: Einführung in die Kindheitsforschung. 2. überarb. Aufl., Weinheim u.a. 2003.

KALTEIS, NICOLE: Vom Traum einer Bilderbuchkindheit. In: Ders. [Hrsg.]: Transformierte Kindheit. Kindheitsbilder, Kindheitsabbilder, Kindheitskonstruktionen. Linz 2007, S. 33.

KEY, ELLEN: Das Jahrhundert des Kindes. Weinheim / Basel 2000.

KIENING, CHRISTIAN / BEIL, ULRICH JOHANNES [Hrsg.]: Nachwort. In: KURTZ, RUDOLF: Expressionismus und Film (Nachdruck der Ausgabe von 1926). Zürich 2007.

KINCAID, JAMES R.: Child-Loving. The Erotic Child and Victorian Culture. New York u.a. 1992.

KINCHELOE, JOE L.: The New Childhood. Home Alone as a Way of Life. In: JENKINS, HENRY [ed.]: The Children's Culture Reader. New York 1998, S. 170–171.

KINDHEIT. In: Bertelsmann Universal Lexikon (9). Gütersloh 1993, S. 307.

KLEINSPEHN, THOMAS: Lewis Carroll. Hamburg 1997.

KLOTZ, VOLKER: Das europäische Kunstmärchen. Fünfundzwanzig Kapitel seiner Geschichte von der Renaissance bis zur Moderne. München 1987.

LAMBERT, PIERRE: Walt Disney Visionär des Zeichentrickfilms. In: DIEDEREN, ROGER / GIRVEAU, BRUNO: Walt Disneys wunderbare Welt und ihre Wurzeln in der europäischen Kunst. München 2008, S. 31.

LEACH, ELSIE (1964): Alice in Wonderland in Perspective. In: PHILLIPS, ROBERT [ed.]: Aspects of Alice. Lewis Carroll's Dreamchild as seen through the Critic's Looking Glasses 1865–1971. Bungay 1971, S. 125f.

LIPTAY, FABIENNE: WunderWelten: Märchen im Film (Schriftenreihe Filmstudien 26). Remscheid 2004.

LOMMEL, MICHAEL / QUEIPO, ISABEL MAURER /ROLOFF, VOLKER: Einleitung. In: LOMMEL, MICHAEL / QUEIPO, ISABEL MAURER /ROLOFF, VOLKER [Hrsg.]: Surrealismus und Film. Von Fellini bis Lynch. Bielefeld 2008, S. 11–14.

MÄHLER, CLAUDIA: Die Entwicklung des magischen Denkens. In: Guldimann, Titus / Hauser, Bernhard [Hrsg.]: Bildung 4-8jähriger Kinder. Münster 2005, S. 29–40.

MARTIN, FLOYD W.: Cameron, Julia Margaret (1815-1879). In: MITCHELL, SALLY [ed.]: Victorian Britan. An Encyclopedia. New York 1988, S. 114.

MATT, GERALD A.: Das Pendel, die Grube und andere Absonderlichkeiten. In: BLICKLE, URSULA / MATT, GERALD A. [Hrsg.]: Das Kabinett des Jan Švankmajer. Wien 2011, S. 7.

MATTHEWS, GARETH B.: Die Philosophie der Kindheit. Wenn Kinder weiter denken als Erwachsene. Weinheim, Berlin 1995.

MCWILLIAM, ROHAN: Jonathan Miller's *Alice in Wonderland* (1966): A Suitable Case For Treatment. In: HISTORICAL JOURNAL OF FILM, RADIO AND TELEVISION 31(2011), H. 2.

MEAD, GEORGE H.: Geist, Identität und Gesellschaft. 1. Aufl., Frankfurt am Main 1973.

MILAM, JENNIFER: Sex education and the child: gendering erotic response in eighteenth-century France. In: BROWN, MARILYN R. [ed.]: Picturing children: Constructions of childhood between Rousseau and Freud. Ashgate 2002, S. XVII.

NEUMEISTER, MIRJAM: Die Entdeckung der Kindheit. Eine Einführung in die Ausstellung. In: NEUMEISTER, MIRJAM [Hrsg.]: Die Entdeckung der Kindheit. Das englische Kinderporträt und seine europäische Nachfolge (Katalog zur Ausstellung im Städel Museum 20. April bis 15. Juli 2007 und in der Dulwich Picture Gallery 1. August bis 4. November 2007). Frankfurt am Main 2007, S. 15f.

O'PRAY, MICHAEL: Surrealism, Fantasy and the Grotesque. The Cinema of Jan Švankmajer. In: DONALD, JAMES [ed.]: Fantasy and the Cinema. London 1989, S. 254f.

PIAGET, JEAN: Das Weltbild des Kindes. 1. Aufl., Stuttgart 1978.

—, Die moralische Regel beim Kind. In: BERTRAM, HANS [Hrsg]: Gesellschaftlicher Zwang und moralische Autonomie. Frankfurt 1986, S. 106–117.

—, Nachahmung, Spiel und Traum. Die Entwicklung der Symbolfunktion beim Kinde. 1. Aufl., Stuttgart 1969.

PLANTINGA, CARL: Die Szene der Empathie und das menschliche Gesicht im Film. In: MONTAGE/AV 13 (2004) 2.

POLLOCK, LINDA A.: Foreword. In: BROWN, MARILYN R. [ed.]: Picturing children: Constructions of childhood between Rousseau and Freud. Ashgate 2002, S. XVI–XVII.

RAGUSE, HARTMUT: Traumdeutung in der Tradition von Sigmund Freud. In: MARTIG, CHARLES / KARRER, LEO: Traumwelten. Der filmische Blick nach innen (Film und Theologie, Band 4). Marburg 2003, S. 34.

RANK, BERNHARD: Phantastik in der Kinder- und Jugendliteratur. In: KNOBLOCH, JÖRG / STENZEL, GUDRUN [Hrsg.]: Zauberland und Tintenwelt. Fantastik in der Kinder- und Jugendliteratur (Beiträge Jugendliteratur und Medien. 17. Beiheft (58 Jg.)). Weinheim: Juventa 2006.

REICH, KERSTEN: Kindheit als Konstrukt oder die Konstruktion der Kinder? In: VOß, REINHARD [Hrsg.]: Unterricht aus konstruktivistischer Sicht. Die Welten in den Köpfen der Kinder. 2. Aufl., Weinheim u.a. 2005, S. 249–260.

REID, TINA-LOUISE: Neco z Alenky / Alice. In: HAMES, PETER [ed.]: The Cinema of Central Europe. London 2004, S. 215–217.

RICHARDSON, MICHAEL: Surrealism and Cinema. New York 2006.

RIVERA, HEATHER: Alice in Wonderland. In: PHILOSOPHY NOW, 90 (2012).

ROBERTS, HELENE: Pre-Raphaelite Brotherhood. In: MITCHELL, SALLY [ed.]: Victorian Britan. An Encyclopedia. New York 1988, S. 625f.

ROMAIN, MICHAEL: A profile of Jonathan Miller. Cambridge 1992.

ROSS, DEBORAH: Home by Tea-time: Fear of Imagination in Disney's Alice in Wonderland. In: CARTMELL, DEBORAH u.a. [ed.]: Classics in Film and Fiction. London, Sterling 2000, S. 214–220.

ROTH, CHRISTINE: Looking through the Spyglass. Lewis Carroll, James Barrie, and the Empire of Childhood. In: HOLLINGSWORTH, CHRISTOPHER: Alice beyond Wonderland: Essays for the Twenty-First-century. Iowa City 2009, S. 23–25.

SALISBURY, MARK: Alice in Wonderland. A Visual Companion. New York 2010.

SCHLEGEL, HANS-JOACHIM: Jan Švankmajer: Die subversive Macht der Imagination. In: BLICKLE, URSULA / MATT, GERALD A. [Hrsg.]: Das Kabinett des Jan Švankmajer. Wien 2011., S. 17.

SCHMITZ, NORBERT M.: Die Widerständigkeit des Objekts oder die Subversion des Intimen. Der „surrealisme intime" Jan Švankmajers. In: BLICKLE, URSULA / MATT, GERALD A. [Hrsg.]: Das Kabinett des Jan Švankmajer. Wien 2011., S. 100-102.

SCHOBER, ADRIAN: Wonka, Freud, and the Child Within: (Re)constructing Lost Childhood in Tim Burton's *Charlie and the Chocolate Factory*. In: OLSON, DEBBIE / SCAHILL, ANDREW [ed.]: Lost and Othered Children in Contemporary Cinema. Lanham, Boulder u.a. 2012, S. 68f.

SONNECK, GERNOT [Hrsg.]: Krisenintervention und Suizidverhütung. Ein Leitfaden für den Umgang von Menschen in Krisen. Wien 2000.

SPIEGEL, SIMON: Theoretisch Phantastisch. Eine Einführung in Tzvetan Todorovs Theorie der phantastischen Literatur. Murnau am Staffelsee 2010.

SPIGEL, LYNN: Seducing the Innocent. Childhood and Television in Postwar America. In: JENKINS, HENRY [ed.]: The Children's Culture Reader. New York 1998, S. 110–127.

SRP, KAREL / BYDZOVSKÁ, LENKA: Hinter den Augen. Die raue Realität. In: SPIELER, REINHARD / AUER, BARBARA [Hrsg.]: Gegen jede Vernunft. Surrealismus Paris-Prag (Ausstellungskatalog). Stuttgart 2009, S. 40–46.

STEEL, JAYNE: „I Can't Go On, I Must Go On": How Jeliza-Rose Meets Alice and the Dark Side of Childhood in Terry Gilliam's *Tideland*. In: OLSON, DEBBIE / SCAHILL, ANDREW [ed.]: Lost and Othered Children in Contemporary Cinema. Lanham, Boulder u.a. 2012, S. 19f.

STEINLEIN, RÜDIGER: Neubeginn, Restauration, antiautoritäre Wende. In: WILD, REINER [Hrsg.]: Geschichte der deutschen Kinder- und Jugendliteratur. 3. überarb. Aufl., Stuttgart 2003, S. 340–341.

STERN, JEFFREY: Lewis Carroll the Pre-Raphaelite: "Fainting in Coils". In: GUILIANO, EDWARD [ed.]: Lewis Carroll Observed. Collection of Unpublished Photographs, Drawings, Poetry and New Essays. New York 1976, S. 177–178.

STEWEN, CHRISTIAN: The cinematic child. Kindheit in filmischen und medienpädagogischen Diskursen (Reihe Marburger Schriften zur Medienforschung). Marburg 2011.

SUSINA, JAN: Alice's adventures in Wonderland (Children's literature and culture, v. 66). New York 2010.

ŠVANKMAJER, JAN: From Surveys and Interviews. In: HOSKOVA, SIMEONA / KVETA OTCOVSKA (ed.): Jan Švankmajer. Transmutation of the Senses (Central Europe Gallery and Publishing House). Prag 1994, S. 85–99.

ŠVANKMAJER ON ALICE. In: AFTERIMAGE 13(1987), S. 51–53.

TAJFEL, HENRI: Gruppenkonflikt und Vorurteil. Entstehung und Funktion sozialer Stereotypen. Bern 1982.

TIEDEMANN, RÜDIGER VON: Alice bei den Surrealisten – zur Rezeption Lewis Carrolls. In: LISKA, VIVIAN / NEUBAUER, JOHN [Hrsg.]: ARCADIA - Internationale Zeitschrift für Literaturwissenschaft (International Journal for Literary Studies). 17(1982), Heft 1, S. 70.

TODOROV, TZVETAN: Einführung in die fantastische Literatur. München 1972.

UHDE, JAN: Jan Švankmajer: Genius Loci as a Source of Surrealist Inspiration. In: HARPER, GRAEME / STONE, ROB [ed.]: The Unsilvered Screen. Surrealism on Film. London 2007, S. 63–66.

WASKO, JANET: Understanding Disney. The Manufacture of Fantasy. Walden 2001.

WEGENER CLAUDIA: Der Kinderfilm: Themen und Tendenzen. In: SCHICK, THOMAS / EBBRECHT, TOBIAS [Hrsg.]: Kino in Bewegung. Perspektiven des deutschen Gegenwartsfilms. 1. Aufl., Wiesbaden 2011, S. 121–133.

WELLS, PAUL: Animation and America. Edinburgh 2002.

WENDERMANN, GERDA: Nachtstücke – Arnulf Rainers Victor-Hugo-Übermalungen. In: GÜSE, ERNST-GERHARD [Hrsg.]: Victor Hugo. Visionen eines Schriftstellers. Klassik Stiftung Weimar, 2008.

WILD, REINER: Aufklärung. In: Ders. [Hrsg.]: Geschichte der deutschen Kinder- und Jugendliteratur. 3. überarb. Aufl., Stuttgart 2003, S. 53.

—, Von den 70er Jahren bis zur Gegenwart. In: WILD, REINER [Hrsg.]: Geschichte der deutschen Kinder- und Jugendliteratur. 3. überarb. Aufl., Stuttgart 2003, S. 344–346.

WOLF, EDMUND: Alice im Fernsehland. Wie die BBC aus dem berühmtesten Jugendbuch einen für Kinder ungeeigneten Film machte. IN: DIE ZEIT (1967), H.1.

WOOLF, JENNY: The Mystery of Lewis Caroll. Discovering the Whimsical, Thoughtful, and Sometimes Lonely Man Who Created *Alice in Wonderland*. New York 2010.

ZIPES, JACK: Fairy Tales and the Art of Subversion. The Classical Genre for Children and the Process of Civilization. 2. Aufl., New York 2006.

—, The Enchanted Screen. The Unknown History of Fairy-Tale Films. New York 2011.

7.2.2 Internetquellen

ALICE IN WONDERLAND. ICONS MEETS MARINA WARNER. URL: http://web.archive.org/web/20100404184034/http://www.icons.org.uk/thei cons/collection/alice/features/marina-warner [30.09.2012].

ALICE IN WONDERLAND. JONATHAN MILLER ON ALICE. URL: http://web.archive.org/web/20090603013808/http://www.icons.org.uk/thei cons/collection/alice/features/interview-with-jonathan-miller [30.09.2012].

BERG, ULRIKE: Jugendliche am Scheideweg. Das Herakles-Phänomen (Inauguraldissertation). Hagen 2001. URL: http://deposit.fernuni-hagen.de/ 18/1/Berg_Ulrike.pdf [30.09.2012].

BROWN, SIMON: Alice in Wonderland (1903). London 2010. URL: http://www.screenonline.org.uk/film/id/974410/ [30.09.2012].

BYE, SUSAN: Tim Burton: The Exhibition. Education Resource Kit. Approaches to Alice in Wonderland (Australian Centre for the Moving Image). Melbourne [o.J.] URL: http://www.acmi.net.au/ed-burton-approaches-alice.htm [30.9.2012].

CHERRY, BRIGID: Dark wonders and the Gothic sensibility. Jan Švankmajer's Něco z Alenky (Alice, 1987). KINOEYE 2(2002), H. 1. URL: http://www.kinoeye.org/02/01/cherry01.php [30.09.2012].

DE BRUYN, DIRK: Re-animating the Lost Objects d'Childhood and the Everyday: Jan Švankmajer. SENSES OF CINEMA 14(2001). URL: http://www.sensesofcinema.com/2001/cteq/svankmajer/ [30.09.2012].

HEINZELMANN, HERBERT: Hintergrund: Magie und Märchen – Relikte alter Kulturen in der Medienproduktion der Moderne. In: KINOFENSTER (10/2009). URL: http://www.kinofenster.de/download /monatsausgabe-10-2009.pdf [28.10.2012].

KRÄNZL-NAGL, RENATE / MIERENDORFF, JOHANNA: Kindheit im Wandel. Annäherungen an ein komplexes Phänomen. In: SWS-RUNDSCHAU 47(2007), H. 1. URL: http://www.kindergartenpaedagogik.de/1613.pdf [25.10.2012].

LEWIS CARROLL SOCIETY OF NORTH AMERICA: Alice, Mooney, Spooney and Santa Fe (spring 2009), 2010. URL: http://www.lewiscarroll.org/events/ [30.09.2012].

MCGEE, DAVID: Jonathan Miller's Alice For The Ages. New York 2009. URL: http://www.thebluegrassspecial.com/archive/2010/april10/alice-wonderland-1966-1972.php [26.11.2012].

MEY, GÜNTER: Zugänge zur kindlichen Perspektive – Methoden der Kindheits-forschung. Berlin 2006. URL: http://www.familienhandbuch.de/cmain/ f_Fachbeitrag/a_Kindheitsforschung/s_940.html. [30.09.2012].

PFEIFFER, URSULA: Kindheit im Wandel – Zur Genese der Kindheit in der Mo-derne und den Bedingungen des Aufwachsens heute (Vortrag Lutherakademie Sondershausen). Ratzeburg 2005, S. 1–12. URL: http://www.ph-weingarten.de/erziehungswissenschaft/downloads/geschichte_kindheit.pdf [23.10.2012].

SLASKI, JACKI: Der letzte Surrealist. Einst verboten, heute verehrt: Ein Besuch bei dem tschechischen Filmemacher Jan Švankmajer. Berliner Zeitung, Berlin 2009. URL: http://www.berliner-zeitung.de/archiv/einst-verboten--heute-verehrt--ein-besuch-bei-dem-tschechischen-filmemacher-jan-svankmajer-der-letzte-surrealist,10810590,10664592.html [30.09.2012].

ŠVANKMAJER, JAN: "An alchemist's nightmares: Extracts from Jan Švankmajer's diary." KINOEYE 2 (2002), H. 1. URL: http://www.kinoeye.org/02/ 01/svankmajer01.php [30.09.2012].

THILL, SCOTT: Jonathan Miller's *Alice in Wonderland* (1966) on DVD. Through the looking glass darkly. Bright Lights Film Journal 42(2003). URL: http://www.brightlightsfilm.com/42/alice.php [30.09.2012]

UHDE, JAN: Jan Švankmajer: The Prodigious Animator from Prague. KINEMA 2 (1994), S. 30–41. URL: http://www.kinema.uwaterloo.ca/article.php? id=363&feature [30.09.2012].

WOOLF, JENNY: Lewis Carroll's Shifting Reputation. Why has popular opinion of the author of *Alice's Adventures in Wonderland* undergone such a dramatic rever-sal? In: SMITHSONIAN MAGAZINE 2010. URL: http://www.smithsonianmag.com/arts-culture/Lewis-Carrolls-Shifting-Reputation.html?c=y&page=3 [30.09.2012].

8   Filmverzeichnis

ALICE IN WONDERLAND. 1903. Regie: Cecil Hepworth / Percy Stow. Großbritannien: Hepworth Film.

ALICE IM WUNDERLAND (Originaltitel: ALICE IN WONDERLAND). 1951. Regie: Clyde Geronimi u.a. U.S.A.: Walt Disney Pictures.

ALICE IN WONDERLAND. 1966. Regie: Jonathan Miller. Großbritannien: BBC (British Broadcasting Corporation).

ALICE (Originaltitel: NĚCO Z ALENKY). 1988. Regie: Jan Švankmajer. Tschechien u.a.: Channel Four Films / Condor Films.

ALICE IM WUNDERLAND (Originaltitel: ALICE IN WONDERLAND). 2010. Regie: Tim Burton. U.S.A.: Walt Disney Pictures.